Articles de foi pour la famille nazaréenne mondiale

NOUS CROYONS

Articles de foi pour la famille nazaréenne mondiale

Frank Moore, rédacteur

f&s ***Éditions Foi et Sainteté***
Lenexa, Kansas (ÉTATS-UNIS)

ISBN 978-1-56344-897-3

Édition originale sous le titre

We Believe
Frank Moore, Editor
Copyright © 2017 Nazarene Publishing House

La présente édition a été réalisée en accord avec Nazarene Publishing House, Kansas City, MO 64141, États-Unis

Tous droits réservés. Aucun élément du présent ouvrage ne peut être reproduit, stocké dans un système d'enregistrement ou transmis sous quelque forme que ce soit ou par un quelconque moyen — notamment de façon électronique, par photocopie ou enregistrement — sans l'accord écrit préalable de l'éditeur. Seules de brèves citations incluses dans des critiques imprimées feront exception.

Couverture : Mike Williams

Maquette : Sharon Page

Traduction : Benoît Bergerat

UN MOT
DU RÉDACTEUR
par Frank Moore

Dieu a créé quelque chose de merveilleux lorsqu'il a assemblé la famille nazaréenne des quatre coins du monde. Les croyants qui forment cette famille viennent de régions du monde, de cultures et de langues très diverses. Les Nazaréens se distinguent les uns des autres par de nombreuses caractéristiques sociales et culturelles. Nous adorons Dieu dans des styles divers. Cependant, nous sommes tous unis autour de nos articles de foi. Quel que soit notre continent ou notre langue maternelle, nous partageons en tant que Nazaréens un vocabulaire commun lorsqu'il s'agit des articles de foi de l'Église du Nazaréen.

À différents moments de notre histoire, nous avons considéré la signification et la mise en pratique de nos articles de foi. Le présent ouvrage s'inscrit dans cette tradition en portant un regard neuf sur nos déclarations de foi dans la vie de la communauté des croyants. En une certaine mesure, son format suit les modèles de précédents livres. Certaines de ses caractéristiques principales sont néanmoins uniques. Il présente une perspective mondiale en donnant la parole à des voix provenant de toutes les régions de l'Église du Nazaréen. Un nombre égal d'hommes et de femmes s'y expriment. Une attention particulière est donnée aux voix des jeunes générations de l'église mondiale. Et il montre comment nos croyances chrétiennes sont à l'œuvre dans notre vie quotidienne que nous vivions à Memphis, à Moscou, à Buenos Aires ou à Bangkok. Le présent livre propose des ressources pour l'enrichissement et la réflexion personnelle, ainsi que pour les groupes de discussion.

Il est essentiel que nous nous rassemblions souvent pour dialoguer en profondeur sur le sens et la mise en pratique de nos croyances chrétiennes. À l'heure actuelle, notre monde flotte dans un océan de relativisme qui donne de nombreuses options, mais peu de certitudes. Par l'entremise d'Internet, des millions d'options de croyances et de styles de vie parviennent à nos téléphones mobiles, nos tablettes et nos ordinateurs, et ce en quelques clics. Cet ensemble intarissable de possibilités provoque souvent de la confusion et de l'insécurité chez les lecteurs. Nombreux sont ceux qui manquent d'assurance dans leurs croyances et qui en arrivent à la conclusion qu'ils devraient demeurer ouverts à un éventail d'options. Il s'agit là d'un choix dangereux car nous finissons toujours par vivre dans nos actes quotidiens ce que nous croyons dans nos esprits et dans nos cœurs. C'est précisément pour cette raison qu'il est si important que nous sachions ce que nous croyons, et pourquoi nous le croyons.

À chaque fois que je pense au lien entre croyance et manière de vivre, je me souviens de l'exemple tragique d'un personnage biblique qui comprenait mal le caractère de Dieu. Il se méprenait concernant la façon dont Dieu agit envers son peuple et ne comprenait pas comment se préparer à exercer un leadership fructueux aux yeux de Dieu. Jephthé, l'un des juges en Israël (Juges 10.6–11.40), nous donne un exemple biblique frappant qui nous montre que nous devons avoir des croyances justes sur Dieu, et vivre en relation avec Dieu afin qu'il puisse nous conduire. À travers l'exemple de Jephthé, les Écritures nous rappellent ceci : nous vivons par nos actes ce que nous croyons dans nos cœurs.

Après une période de désobéissance, le peuple hébreu se tourne vers Dieu pour être délivré de ses ennemis (Juges 10.15). Les Hébreux choisissent Jephthé pour prendre la tête de leur combat contre les Ammonites. L'Esprit de Dieu affermit Jephthé, lui garantissant ainsi la victoire. Il est possible que Jephthé ne réalisait pas que le Seigneur lui assurait la victoire ; ça, je l'ignore. Mais en chemin vers le combat, il marchande avec Dieu et fait une promesse insensée : « Si tu livres entre mes mains les fils d'Ammon, quiconque sortira des portes de ma maison au-devant de moi, à mon heureux retour de chez les fils d'Ammon, sera consacré à l'Éternel, et je l'offrirai en holocauste » (Juges 11.30–31).

L'Esprit de Dieu agit à travers Jephthé ; les hébreux triomphent dans leur combat contre les Ammonites. À son retour chez lui, l'unique enfant de Jephthé, sa précieuse fille, sort de la porte de sa maison en premier pour accueillir son père. Le verset 39 est l'un des plus tragiques des Écritures : « Il accomplit sur elle le vœu qu'il avait fait ». Les engagements de ce type afin de s'assurer la victoire étaient fréquents dans les religions païennes qui entouraient le peuple hébreu. Ces religions allaient même jusqu'à promouvoir les sacrifices humains. Ce n'est pas vrai concernant notre Dieu. Et cependant, d'une manière ou d'une autre, les croyances de ces autres religions s'insinuèrent dans la pensée de Jephthé. Sa compréhension de notre Dieu et de ses manières d'agir devint erronée. De façon tragique, Jephthé a agi en fonction de ces fausses croyances et provoqué ainsi une vie entière de souffrances pour sa famille. Souvenez-vous que nous vivons par nos actes ce que nous croyons dans nos cœurs.

J'entends souvent des croyants me dire : « Les lectures portant sur la théologie ne m'intéressent pas. Je suis trop occupé pour passer mon temps à m'instruire sur nos croyances chrétiennes ». C'est là une perspective dangereuse. Le terme « théologie » signifie simplement « conversation sur Dieu » ; chaque fois que nous parlons de notre relation avec le Seigneur ou de notre compréhension de Dieu, nous exprimons une théologie. Les croyants qui nous ont précédés ces deux cents dernières années ont lu la Bible et ont produit leurs meilleures réflexions afin de nous donner une image plus claire de la personne de Dieu et de sa façon d'être en relation avec ses enfants. Ces éclairages améliorent grandement notre foi chrétienne. Ce que nous croyons concernant Dieu et son but pour nos vies est exprimé dans notre conduite quotidienne.

Lors de mes premières années de pastorat, l'un de mes voisins et moi sommes devenus bons amis. Je l'invitais avec insistance à venir à notre église avec son épouse, mais il refusait poliment mes invitations. Pourquoi ? Parce que mon voisin croyait qu'il avait commis le péché impardonnable en tant que soldat durant les combats de la deuxième guerre mondiale. Rien de ce que je disais ne pouvait le persuader d'accepter le pardon de Dieu pour ses péchés et de devenir enfant de Dieu. Il résistait à l'invitation de l'Esprit de Dieu à cause de sa croyance erronée concernant notre foi.

Plusieurs de mes amis proches aiment Dieu et désirent le servir. Cependant, ils vivent quotidiennement dans la défaite parce qu'ils croient qu'ils sont piégés par l'emprise du péché et sans espoir d'en sortir aussi longtemps qu'ils possèdent un corps humain et vivent ici-bas sur cette terre. Ils sont tourmentés chaque jour par le cycle du péché et de la repentance. Ils ne peuvent pas s'approprier la victoire proclamée par Paul en Romains 8.1-2 : « Il n'y a donc maintenant aucune condamnation pour ceux qui sont en Jésus-Christ. En effet, la loi de l'Esprit de vie en Jésus-Christ m'a affranchi de la loi du péché et de la mort. » Ils refusent d'accepter l'avertissement de Jean : « Mes petits enfants, je vous écris ces choses afin que vous ne péchiez point » (1 Jean 2.1a).

Les chapitres du présent livre proposent des informations, des récits et des illustrations afin d'encourager votre foi et de présenter clairement les croyances de notre tradition chrétienne telles qu'elles sont exprimées dans l'Église du Nazaréen. Notre conversation sur Dieu doit toujours être guidée par les meilleures réflexions de la communauté des croyants. Les Écritures, la tradition, la raison et l'expérience agissent ensemble afin d'éclairer notre chemin. Je vous recommande vivement de porter une grande attention à vos croyances car nous vivons par nos actes ce que nous croyons dans nos cœurs.

J'espère que les chapitres de ce livre éclaireront votre compréhension de nos croyances et vous encourageront dans votre marche avec le Christ.

DIEU, LE CRÉATEUR ÉTERNEL ET RELATIONNEL

par Kevin Mellish

Kevin Mellish est professeur en sciences de la Bible à Olivet Nazarene University à Bourbonnais, dans l'état de l'Illinois aux États-Unis.

I. Le Dieu trinitaire

Nous croyons en un Dieu unique existant éternellement, infini, souverain créateur qui soutient l'univers; lui seul est Dieu, saint dans sa nature, dans ses attributs et dans ses desseins. Ce Dieu qui est amour saint et lumière est trinitaire dans son être essentiel, révélé comme Père, Fils et Saint-Esprit.

(Genèse 1; Lévitique 19.2; Deutéronome 6.4-5; Esaïe 5.16; 6.1-7; 40.18-31; Matthieu 3.16-17; 28.19-20; Jean 14.6-27; 1 Corinthiens 8.6; 2 Corinthiens 13.14; Galates 4.4-6; Éphésiens 2.13-18; 1 Jean 1.5; 4.8)

Dès son commencement, l'église chrétienne a proclamé sa croyance fondamentale en un Dieu trinitaire. La doctrine théologique de la trinité affirme que Dieu est apparu à différents moments de l'histoire en trois personnes distinctes et indépendantes — le Père, le Fils et le Saint-Esprit — tout en existant simultanément en tant qu'être unique et unifié. Pour la plupart d'entre nous (je suis de ceux-là), cette notion défie la logique et dépasse notre capacité de compréhension. Bien que les éléments fondamentaux de cette doctrine aient été soigneusement exprimés par les dirigeants, les enseignants et les théologiens de l'église au fil de l'histoire, la question du fonctionnement de la trinité dans la réalité demeure un mystère divin. Ainsi, c'est avec un sentiment de fascination et d'émerveillement que nous nous souvenons des paroles du célèbre hymne de Reginald Heber:

Saint, saint, saint est le Seigneur tout puissant
Dieu en trois personnes, trinité bénie

En abordant le sujet du Dieu trinitaire, nous pouvons nous demander dans quelle mesure il est possible pour les êtres humains de comprendre qui est Dieu en réalité. Le christianisme est essentiellement une foi révélée. C'est-à-dire que tout ce que nous connaissons de Dieu, c'est ce que Dieu nous transmet par sa révélation. Heureusement Dieu, dans sa miséricorde et sa grâce abondantes, s'est fait connaître à l'humanité de diverses façons, notamment par sa création.

Selon le psalmiste, par exemple, « les cieux racontent la gloire de Dieu, et l'étendue manifeste l'œuvre de ses mains. Le jour en instruit un autre jour, la nuit en donne connaissance à une autre nuit » (Psaume 19.1-2).

De la même manière, l'apôtre Paul déclare que « les perfections invisibles de Dieu, sa puissance éternelle et sa divinité, se voient comme à l'œil nu, depuis la création du monde, quand on les considère dans ses ouvrages » (Romains 1.20).

Dieu a communiqué des informations sur son caractère et sur son être d'autres façons également. Dieu nous a montré sa personne par des événements dans l'histoire (notamment l'exode et la Pentecôte) ; par les paroles ou les instructions de Dieu (voir Psaume 19.7-11) et, de façon ultime, par la personne de Jésus-Christ (voir Jean 1.1, 14). Grâce à la révélation divine, nous pouvons découvrir beaucoup d'éléments concernant Dieu.

Dieu : L'Être éternel

De l'époque des auteurs bibliques jusqu'à nos jours, le peuple de Dieu a affirmé de façon répétée que Dieu existe et que Dieu est de nature éternelle. Ces croyances sont claires dès les premières déclarations de la Bible, qui affirment : « Au commencement, Dieu créa ... » (Genèse 1.1). Les premiers mots de la Genèse indiquent que Dieu a existé avant que le temps et la création ne commencent, et que l'existence de Dieu ne dépend pas du monde naturel, matériel.

Ainsi, Dieu n'a pas de commencement ni point de départ — Dieu est, tout simplement. Puisque l'existence éternelle de Dieu était une croyance fondamentale des auteurs de la Bible, l'athéisme (le fait de croire que Dieu n'existe pas) n'était pas une option. Le psalmiste affirme avec force : « L'insensé dit en son cœur : Il n'y a point de Dieu ! » (Psaume 53.2)

De plus, puisque Dieu n'a pas d'origine et qu'il existe indépendamment de la création et du temps, Dieu est aussi la source créatrice de tout ce qui est venu à l'existence. L'église affirme également la nature éternelle de Dieu. Tout comme Dieu n'a ni point de départ ni commencement, Dieu n'a pas de fin. Le texte biblique souligne que Dieu est « d'éternité en éternité » (Psaume 41.14 ; 106.48) ; « il est un Dieu vivant et un roi éternel » (Jérémie 10.10) et il « ne mourra pas » (Habacuc 1.12).

Les différents noms de Dieu dans l'Ancien Testament indiquent également sa nature éternelle. Dieu est appelé El Olam, ce qui signifie le « Dieu de l'éternité » (Genèse 21.33). Dieu est aussi connu sous le nom de Yahvé. Ce nom, qui a été révélé à Moïse depuis le buisson ardent, est en réalité basé sur le verbe hébreu « être », le mot spécifique qui désigne l'existence. Ainsi, le nom divin Yahvé signifie l'existence éternelle de Dieu. Lorsque Moïse souhaite connaître l'identité de Dieu, Dieu se désigne simplement par les mots « JE SUIS » (Exode 3.14).

Dieu : Le créateur du ciel et de la terre

L'église déclare également que le Dieu trinitaire est le créateur et soutient l'univers et tout ce qu'il contient. Au fil de l'Ancien et du Nouveau Testaments, les auteurs de la Bible affirment l'activité créatrice de Dieu. La notion de Dieu en tant que créateur est si essentielle à l'identité de Dieu qu'elle se retrouve littéralement dans toutes les parties des Écritures. Les références au rôle de Dieu comme créateur se trouvent notamment dans le pentateuque (Genèse 1 à 3), les prophètes (Ésaïe 40.12-28 ; Jonas 1.9), les psaumes (8 ; 74.12-17 ; 104) et les livres de la Sagesse (Proverbes 8.22-30 ; Job 38-39).

Dans le Nouveau Testament, l'apôtre réaffirme cette idée : « Le Dieu qui a fait le monde et tout ce qui s'y trouve, étant le Seigneur du ciel et de la terre, n'habite point dans des temples faits de main d'homme ; il n'est point servi par des mains humaines, comme s'il avait besoin de quoi que ce soit, lui qui donne à tous la vie, la respiration, et toutes choses » (Actes 17.24-25). La doctrine de Dieu en tant que créateur fait partie intégrante de la théologie chrétienne et occupe une place centrale dans les doctrines cardinales de l'église.

Le symbole de Nicée, notamment, affirme cette croyance dans ses premières paroles : « Nous croyons en un seul Dieu, Père tout-puissant, créateur de toutes choses visibles et invisibles. »

Ainsi, en tant que créateur, Dieu règne comme Seigneur souverain sur tout ce qu'il a amené à l'existence. Toute la création lui appartient. En conséquence, toute la création est appelée à donner au Seigneur louange et honneur (Psaume 148.3-10). Puisque Dieu a créé toutes choses pour sa gloire, son honneur et selon ses desseins, toute la création trouve sa réalisation et sa signification profonde en son créateur.

Dieu : L'être relationnel

Dieu est non seulement éternel et créateur, il est aussi relationnel par nature. Dieu désire une relation personnelle avec sa création. Bien que Dieu soit saint et transcendant, moralement pur et juste, parfait dans sa sagesse et ses desseins, Dieu souhaite être en communion avec les êtres humains, nous qui sommes assaillis par les fragilités, les faiblesses et la désobéissance. Dès le commencement, Dieu a montré sa volonté de s'impliquer intimement dans sa relation avec nous et avec le monde dont il a suscité l'existence. En Genèse 2 et 3 par exemple, Dieu a créé l'homme et la femme. Il marchait avec eux dans le jardin et appréciait des moments réguliers de communion avec eux.

Dieu a également établi des relations d'alliance avec son peuple à différents moments de l'histoire. Le mot « alliance » est la traduction du terme hébreu berith. Ce terme implique un accord ou un serment solennel qui engage les deux parties concernées. Ceci contribuait à définir les rôles de chaque partie, fixant ainsi les paramètres et les principes de la relation. Dieu a établi ce type de relation avec Abraham, le patriarche du peuple israélite (Genèse 15, 17) et avec le peuple d'Israël également (Exode 20 à 24).

Dieu, dans sa miséricorde et sa grâce, n'a pas uniquement initié l'alliance et appelé le peuple à s'engager dans une relation avec lui, mais il a également fourni les moyens par lesquels la relation d'alliance pouvait être maintenue. Pour le peuple d'Israël, Dieu a donné ses instructions afin qu'ils sachent comment vivre de manière à lui plaire. Dieu a également commandé au peuple de construire le tabernacle, qui symbolisait le lieu où la présence de Dieu résidait au milieu de cette communauté et où les offrandes et sacrifices pouvaient être réalisés (Exode 26.30-37). Enfin, Dieu a établi la prêtrise. Les prêtres servaient de médiateurs, de liens permettant à Dieu et au peuple d'Israël de communiquer lorsqu'ils représentaient le peuple devant Dieu et Dieu devant le peuple (Exode 28, 29 et 39).

Plusieurs métaphores utilisées dans la Bible pour le décrire suggèrent également que Dieu entretient une relation de l'ordre de l'intime avec l'humanité. Dieu est décrit comme un parent plein d'amour qui a enseigné à son enfant comment marcher, et comme un parent qui soulève son bébé jusqu'à ses joues (Osée 11.3-4). La Bible désigne également le peuple d'Israël comme fils de Dieu (Osée 11.1). En d'autres occasions, l'intimité entre Dieu et son peuple est décrite comme une relation conjugale (Osée 2). La terminologie et les métaphores de la sphère familiale se poursuivent dans le Nouveau Testament lorsque le croyant, qui est adopté en tant qu'enfant de Dieu, désigne Dieu par le terme affectueux « Abba ! Père ! » (Romains 8.15).

Ainsi, c'est la nature relationnelle de Dieu, son désir intense d'être en communion avec nous qui a rendu nécessaire que Dieu se révèle ultérieurement en tant qu'être humain sous la forme de Jésus-Christ et en tant qu'esprit sous la forme du Saint-Esprit. En choisissant de prendre la forme de l'humain et de l'esprit, Dieu est capable d'être en relation avec nous de manière plus personnelle et plus intime.

Questions à réfléchir et à discuter

Pensez au texte que vous avez lu dans le chapitre 1 et répondez aux questions suivantes. Utilisez des références bibliques lorsque c'est possible afin d'étayer vos réponses.

1. Quel âge aviez-vous lorsque vous avez pris conscience de Dieu pour la première fois ?
2. Par quel moyen avez-vous pris conscience de Dieu ?
3. Quel est le rôle de la nature pour vous donner des éléments concernant Dieu ?
4. Quel est le rôle des animaux pour vous donner des éléments concernant Dieu ?

5. Quel est le rôle de la beauté et des mystères de l'espace pour vous donner des éléments concernant Dieu?
6. Quel est le rôle des détails et de la complexité incroyable de notre corps pour vous donner des éléments concernant Dieu?
7. Quel est le rôle des événements de la nature (les tendances météorologiques, les saisons, etc.) pour vous donner des éléments concernant Dieu?
8. Quel est le rôle des circonstances, des cycles et des saisons de votre vie pour vous donner des éléments concernant Dieu?
9. Quel est le rôle de Jésus-Christ pour vous informer concernant Dieu?
10. Quel est le rôle de la Bible pour vous informer concernant Dieu?
11. En considérant les différents aspects et les sources mentionnés aux questions 3 à 10, dressez une liste aussi complète que possible des attributs, caractéristiques et qualités de Dieu.
12. Pourquoi parle-t-on si souvent des attributs de Dieu que sont la sainteté et l'amour dans l'Église du Nazaréen?
13. Que signifie le texte biblique lorsqu'il décrit Dieu comme éternel?
14. Que signifie le texte biblique lorsqu'il affirme que Dieu n'a pas d'origine et qu'il existe indépendamment de la création et du temps?
15. Qu'apprenez-vous concernant Dieu en étudiant les différents noms utilisés dans la Bible pour désigner Dieu?
16. Pourquoi Dieu nous révèle-t-il sa personne si clairement?
17. Comparez le désir de Dieu d'être en relation avec nous et la relation d'amour qui lie parents et enfants.
18. Comment votre relation avec Dieu est-elle comparable à la relation entre deux personnes mariées?
19. Réfléchissez ou discutez de notre manière de connaître et d'être en relation avec Dieu en tant que Père, Fils et Saint-Esprit.
20. Créez une analogie ou un schéma pour expliquer le concept de la trinité à un ami.

# LE SAUVEUR DU MONDE
par Filimao M. Chambo

Filimao M. Chambo, ancien directeur de la région Afrique de l'Église du Nazaréen.

II. Jésus-Christ

Nous croyons en Jésus-Christ, la deuxième personne de la trinité divine, qui de toute éternité est un avec le Père ; qui s'est fait chair par l'opération du Saint-Esprit et qui est né de la Vierge Marie, de sorte que deux natures entières et parfaites, divine et humaine, sont alors unies dans une seule personne, vraiment Dieu et vraiment homme, le Dieu-homme.

Nous croyons que Jésus-Christ est mort pour nos péchés, qu'il est vraiment ressuscité d'entre les morts, a revêtu son corps et tout ce qui a trait à la perfection de la nature humaine, avec quoi il est monté au ciel d'où il intercède pour nous.

<small>(Matthieu 1.20-25 ; 16.15-16 ; Luc 1.26-35 ; Jean 1.1-18 ; Actes 2.22-36 ; Romains 8.3, 32-34 ; Galates 4.4-5 ; Philippiens 2.5-11 ; Colossiens 1.12-22 ; 1 Timothée 6.14-16 ; Hébreux 1.1-5 ; 7.22-28 ; 9.24-28 ; 1 Jean 1.1-3 ; 4.2-3, 15)</small>

« Un ange du Seigneur lui apparut en songe, et dit : Joseph, fils de David, ne crains pas de prendre avec toi Marie, ta femme, car l'enfant qu'elle a conçu vient du Saint-Esprit ; elle enfantera un fils, et tu lui donneras le nom de Jésus ; c'est lui qui sauvera son peuple de ses péchés » (Matthieu 1.20-21).

Jésus-Christ est la deuxième personne du Dieu trinitaire. Il était avec Dieu au commencement, et par lui toutes choses ont été créées (Jean 1.2-3 ; Colossiens 1.15-17). Par Jésus toutes choses ont été créées bonnes, dénuées de mal et fonctionnant selon l'intention de Dieu (Genèse 1.4, 31). Mais lorsque l'humanité a choisi le mal plutôt que le bien, le péché est entré dans le monde en apportant avec lui de douloureuses conséquences. À cause du péché, la méchanceté de la race humaine allait en grandissant, et toutes les pensées de leur cœur se portaient chaque jour uniquement vers le mal (Genèse 6.5).

La restauration du bien dans la création de Dieu exigeait désormais une rédemption car nous ne pouvions pas nous sauver nous-mêmes des dégâts que nous avions causés. Dans la sagesse et l'amour de Dieu, Jésus — par qui toutes choses ont été créées — est le rédempteur qui est venu dans le monde brisé qui avait été créé bon, pour apporter la restauration et le salut, pour réconcilier le monde avec Dieu.

Son entrée miraculeuse

La naissance miraculeuse et virginale de Jésus-Christ signale l'aube d'une nouvelle ère. C'était là quelque chose d'important, de nouveau, quelque chose qui n'avait jamais été vu auparavant et jamais été vu depuis. Seul Dieu pouvait accomplir cet acte miraculeux. Le peuple d'Israël avait conscience que la puissance et l'autorité de Dieu transcendent les lois de la nature. Les naissances d'Isaac (Genèse 21.1-7) et de Jean-Baptiste (Luc 1) sont des exemples montrant le Dieu qui s'exprime par des œuvres puissantes qui transcendent les lois de la nature. Cependant, la naissance du Christ dépasse toute autre chose.

Jésus, « l'image du Dieu invisible » (Colossiens 1.15), l'expression visible, le véritable reflet et la représentation physique de Dieu vient par le Saint-Esprit et naît de la vierge Marie de sorte que deux natures entières et parfaites — Dieu et l'humanité — sont unies en Jésus-Christ qui est oint et choisi par Dieu pour sauver le monde. « Le Saint-Esprit viendra sur toi, et la puissance du Très-Haut te couvrira de son ombre. C'est pourquoi le saint enfant qui naîtra de toi sera appelé Fils de Dieu » (Luc 1.35).

Son ministère miraculeux

Même si tout au long de l'Ancien Testament, le peuple d'Israël attendait la venue du Messie pour son salut, il semble qu'ils ne s'attendaient aucunement à ce qu'il vienne comme il le fit. Il semble également qu'ils ne comprenaient pas que le plan de Dieu pour restaurer le monde passerait par la mort de Jésus sur la croix et sa résurrection le troisième jour. Sa naissance, sa mort et sa résurrection sont des signes miraculeux qui trouvent leur sens en Dieu. Les miracles, les signes et les merveilles que Jésus a réalisés sont le résultat de la puissance qui provient du Père. Les auteurs du Nouveau Testament affirment ensemble que Jésus vient de Dieu et que la puissance de Dieu est à l'œuvre en et à travers lui car Jésus accomplit les plans de son Père pour établir le royaume de Dieu— un royaume qui survient dans ce monde de ténèbres et qui agit pour réconcilier le monde avec Dieu.

La mort et la résurrection du Christ dévoilent encore davantage l'image de Dieu au monde. L'expression de l'amour de Dieu pour l'humanité, la possibilité du pardon du péché, une vie transformée, et une relation restaurée par la réconciliation avec Dieu en et par Christ (1 Jean 3.1-10) sont destinées à ceux qui croient en Jésus-Christ. Et ceux qui ont été transformés par Christ reçoivent la promesse de la vie éternelle, rendue possible suite à la victoire du Christ sur la mort (1 Corinthiens 15.12, 20 ; 1 Thessaloniciens 4.13-18). La résurrection du Christ nous assure que Dieu détient pouvoir et autorité sur la création. Même la mort est incapable de limiter la puissance de Dieu. Dieu peut ramener à la vie ce qui est mort. « La mort a été engloutie dans la victoire » (1 Corinthiens 15.54b).

Son salut miraculeux

Ainsi, bien que le monde se trouve dans un état chaotique, et qu'à cause du péché et de ses conséquences la situation semble empirer, il existe un grand optimisme concernant la guérison de la condition humaine et du monde. Par Jésus-Christ, le salut est accessible à tous ! Lorsque les personnes, les quartiers et les villages invoquent le nom de Jésus dans la repentance et reçoivent le pardon de leur péché, tous reçoivent du Seigneur la puissance leur permettant de vivre des vies victorieuses et de témoigner du nouveau royaume de Dieu. En conséquence, Jésus envoie ses disciples et l'église : « Allez, faites de toutes les nations des disciples, les baptisant au nom du Père, du Fils et du Saint-Esprit, et enseignez-leur à observer tout ce que je vous ai prescrit » (Matthieu 28.19-20a).

L'église, marquée par Jésus-Christ, doit être le reflet et l'expression de Jésus-Christ pour le monde. L'église doit recevoir son pouvoir de Jésus. Séparés du Christ, nous serons incapables et empêchés de porter du fruit (Jean 15.1-17). Nous sommes appelés à nous joindre à l'église pour révéler

Jésus au monde et pour devenir partenaires de Jésus dans sa mission qui consiste à inverser les effets du péché. Nous sommes appelés à être la révélation de l'intrusion du royaume de Dieu dans ce monde de ténèbres. Ceux qui sont marqués par Jésus deviennent la vitrine de Dieu dans le monde, témoignant du fait que le salut et la rédemption sont accessibles à tous. Les gens ne sont pas condamnés à vivre esclaves de la puissance du mal, car Christ a le pouvoir de libérer les personnes du mal et de sa puissance. Le péché a amené le désordre dans le monde, mais la mort du Christ nous donne un moyen de guérir le monde.

Non seulement Jésus-Christ nous libère du péché et de sa puissance, mais il soutient également sa création. « Toutes choses subsistent en lui » (Colossiens 1.17b). Ainsi, lorsque nous confessons que nous croyons en Jésus-Christ, nous affirmons que nous plaçons notre confiance en lui et nous reconnaissons que la manière de vivre montrée par Jésus-Christ est l'intention de Dieu pour toute l'humanité. Croire en Jésus-Christ signifie que nous consacrons tous les aspects de nos vies à sa seigneurie. Cela signifie choisir de vivre dans l'obéissance à ses enseignements et dans l'assurance de l'espérance qu'il nous soutient par sa grande puissance.

Questions à réfléchir et à discuter

Pensez au texte que vous avez lu dans le chapitre 2 et répondez aux questions suivantes. Utilisez des références bibliques lorsque c'est possible afin d'étayer vos réponses.

1. De quelle façon votre conception de Jésus grandit-elle lorsque vous considérez qu'il a participé directement à la création de notre monde (Jean 1.2–3 ; Colossiens 1.15–17) ?
2. Pourquoi la conception ou naissance virginale de Jésus est-elle un élément important de la foi chrétienne ?
3. Expliquez votre compréhension du fait que Jésus est en même temps 100 % Dieu et 100 % homme.
4. Qu'apprenons-nous sur l'amour de Dieu pour l'humanité lorsque nous réalisons que le plan de Dieu pour notre salut prévoyait la mort de Jésus sur la croix ?

5. Qu'apprenons-nous sur la puissance de Dieu lorsque nous célébrons le fait que Dieu a relevé son fils d'entre les morts au troisième jour ?
6. Pourquoi les chrétiens ont-ils un grand optimisme concernant le fait que Dieu guérira la condition humaine et le monde ?
7. Comment nos vies sont-elles changées lorsque nous invoquons le nom de Jésus dans la repentance pour recevoir le pardon de nos péchés ?
8. Dans quelle mesure la venue de Jésus dans notre monde a-t-elle introduit le royaume de Dieu sur la terre de façon nouvelle ?
9. Pourquoi Jésus a-t-il commandé à ses disciples : « Allez, faites de toutes les nations des disciples, les baptisant au nom du Père, du Fils et du Saint-Esprit, et enseignez-leur à observer tout ce que je vous ai prescrit » (Matthieu 28.19-20a) ?
10. Comment participez-vous à la mission qui consiste à faire des disciples, comme Jésus l'a commandé ?
11. Comment pouvez-vous progresser dans vos efforts pour faire des disciples ?
12. Comment êtes-vous, avec votre communauté de croyants, les reflets de Jésus-Christ dans votre monde ?
13. Comment recevons-nous la puissance divine qui nous permet de poursuivre l'action de Jésus-Christ dans notre monde ?
14. Jésus a pour mission d'inverser les effets du péché dans notre monde ; comment sommes-nous ses partenaires dans cette mission ?
15. Quelles preuves voyez-vous de la participation de Jésus dans sa mission pour notre monde ?
16. Le péché asservit les gens dans les dépendances, les liens, les regrets, les douleurs et le désespoir ; Jésus donne la puissance qui libère les personnes du péché. Quels sont les meilleurs moyens de porter ce message jusqu'aux personnes qui ont besoin de l'entendre ?
17. Comment Jésus soutient-il notre monde ainsi que les vies personnelles de ses disciples ?
18. Que voulons-nous dire quand nous disons que Jésus est Seigneur ?

# LA VIE DANS L'ESPRIT
par Olivia Metcalf

Olivia Metcalf et son époux Dustin sont directeurs de la formation spirituelle et aumôniers à Northwest Nazarene University à Nampa, dans l'état de l'Idaho aux États-Unis.

III. Le Saint-Esprit

Nous croyons au Saint-Esprit, la troisième personne de la trinité divine, qui est toujours présent dans l'Église de Christ et qui agit efficacement avec elle. Il convainc le monde de péché, régénère ceux qui se repentent et croient, sanctifie les croyants et les mène dans toute la vérité telle qu'elle est en Jésus.

(Jean 7.39 ; 14.15-18, 26 ; 16.7-15 ; Actes 2.33 ; 15.8-9 ; Romains 8.1–27 ; Galates 3.1-14 ; 4.6 ; Éphésiens 3.14-21 ; 1 Thessaloniciens 4.7-8 ; 2 Thessaloniciens 2.13 ; 1 Pierre 1.2 ; 1 Jean 3.24 ; 4.13)

Récemment, j'ai eu l'occasion d'enseigner dans la ville de Jessore au Bangladesh. Je me tenais debout et pieds nus dans une salle de classe à l'atmosphère chaude et humide, entourée d'étudiants qui se préparaient au ministère. Accompagnée de mon mari et de mes parents, nous animions un cours sur la formation spirituelle pour les personnes et pour l'église. Nous avions écouté les expériences et les témoignages des étudiants. Puisque nous arrivions à la fin du cours, nous avons pris la sainte cène ensemble. Même si nous ne pouvions pas nous comprendre sans l'aide d'un interprète, il y avait entre nous un lien dans ce lieu, une communion qui était profonde et large. Le Saint-Esprit était là.

Le Saint-Esprit a toujours été présent

En Genèse 1, l'Esprit de Dieu se mouvait au-dessus des eaux, et la création prit vie. En Genèse 2, Dieu s'est abaissé et a formé les êtres humains à partir de la poussière, et le souffle (l'Esprit) de Dieu leur donna la vie.

Lorsque le peuple de Dieu était esclave en Égypte, il entendit leurs cris demandant son secours. L'histoire de Moïse relatée dans le livre de l'Exode est le récit de l'Esprit qui descend sur une personne et la rend capable d'accomplir la volonté de Dieu dans le monde. Le peuple hébreu, mort dans l'esclavage, est ramené à la vie en tant qu'enfants de Dieu par l'action de l'Esprit.

Dans les Écritures, les périodes d'exil, de péché, de désespoir et de séparation sont marquées par des prophètes remplis de l'Esprit qui deviennent des voix de vérité dans un monde de mensonge. Les prophètes donnent toujours au peuple le choix entre la mort et la vie.

Puis vient Jésus-Christ, le Fils de Dieu. Dans son tout premier sermon, il lit le parchemin du prophète Ésaïe et révèle que ce texte antique est désormais en passe d'être accompli. En Luc 4.18, Jésus dit : « L'Esprit du Seigneur est sur moi ». Jésus annonce que sa vie, sa mort et sa résurrection vont apporter la liberté, la vue, l'espérance et la vie pour toute l'humanité. Comment cela allait-il se produire ? Jésus dit que c'était en lien avec le Saint-Esprit.

L'église primitive, affermie par les signes de la résurrection, se réunissait dans la prière et l'enseignement. Lors de l'un de ces rassemblements, l'Esprit vint et les rendit capables de faire des choses qu'ils n'avaient jamais faites auparavant. Le message principal d'Actes 2 est la propagation de l'Évangile — pas les langues. Lorsque l'Esprit descend sur nous, une nouvelle vie survient.

Le Saint-Esprit semble difficile à saisir

Nous croyons que le Saint-Esprit, l'une des personnes de la trinité, se déplace et est actif dans notre monde. Mais je crois que nous avons grand peine à expliquer l'Esprit. Il est parfois plus facile de comprendre Dieu le Père, le créateur, la source. Nous pouvons concevoir le Fils de Dieu, Jésus-Christ, qui était fait de chair et de sang, qui connaissait les joies et les peines, les tentations et les victoires tout comme nous. L'Esprit, par contre, est comme le vent ; je peux le sentir mais je ne peux pas le voir. L'Esprit est imprévisible et incontrôlable. L'Esprit-Saint est semblable à des langues de feu.

Même si nous croyons au Saint-Esprit, nous ne sommes peut-être pas capables de définir simplement qui est l'Esprit. La Bible nous rappelle encore et encore que l'Esprit est donné et qu'il donne également. C'est peut-être ici le point de départ. Nos ancêtres, pères et mères dans la foi, définissaient l'Esprit comme celui qui « est Seigneur et qui donne la vie ». C'est ici la définition la plus inclusive. Le Saint-Esprit donne une vie entière.

Nous croyons que ce don de vie débute par la conviction, qui n'est pas un don très plaisant. Notre manière de répondre à la conviction dont nous faisons tous l'expérience est essentielle. Si nous considérons le don de conviction de l'Esprit comme une malédiction, alors nous ne recevrons par les autres dons de l'Esprit. Nous devons écouter l'Esprit et nous repentir de nos péchés car c'est de cette manière que l'Esprit peut nous donner la vie.

Lorsque nous recevons cette vie, nous faisons bien de nous souvenir que le Saint-Esprit est celui qui nous convainc. Trop souvent, les chrétiens mènent cette tâche selon leur propre idée et font beaucoup de dégâts. Nous sommes appelés à être lumière et sel, et non des juges. Quand nous vivons en Christ, par l'Esprit, nous sommes sel et lumière. Nous donnons de la saveur et nous éclairons le monde de telle manière que l'action de l'Esprit qui convainc peut être connue grâce au contraste que nous apportons. L'Esprit convainc. Nous sommes appelés à vivre fidèlement.

Après la conviction et la repentance vient le don de la régénération. C'est l'expérience du salut. C'est une vie nouvelle. Jésus-Christ, par sa vie, sa mort et sa résurrection a permis que nous connaissions une relation restaurée avec Dieu. Nous étions morts dans nos péchés ; nous sommes maintenant vivants en Christ par l'Esprit. Avec cette vie vient une responsabilité. Nous ne sommes pas appelés à condamner ; nous sommes au contraire appelés à être des vases porteurs de vie !

Le Saint-Esprit amène un partenariat divin

Le don que nous recevons de l'Esprit n'est pas conçu pour être mis de côté et utilisé dans un avenir plus ou moins lointain. La vie dans l'Esprit est conçue pour être partagée dès aujourd'hui. Nous sommes invités à devenir partenaires de Dieu pour apporter la vie autour de nous. Là où se trouvent les blessures et le désespoir, nous pouvons apporter la guérison et l'espérance aux personnes par l'Esprit. Là où se trouvent le deuil et la confusion, nous pouvons apporter un sens et la vérité par l'Esprit.

La sanctification est le don qui suit la régénération. Nous ne pouvons pas gagner la sanctification. Nous ne pouvons pas accomplir suffisamment de bonnes actions pour mériter la sainteté. Nous ne pouvons pas accomplir exactement les bons gestes, assister à suffisamment de cultes dans l'église ou mémoriser assez de textes bibliques pour gagner des points en vue de la sanctification. L'Esprit nous donne cette vie entière. Au cours de notre croissance, nous nous abandonnons à lui, nous apprenons à aimer Dieu et notre prochain ; par sa grâce Dieu nous prépare à recevoir la sanctification. Par le développement de notre relation avec Dieu, nous serons prêts à faire l'expérience de la plénitude que donne l'Esprit— le don de l'amour parfait pour Dieu et pour notre prochain.

L'action du Saint-Esprit ne finit jamais

Le risque survient lorsque nous nous permettons de croire que la sanctification est la fin de l'action de l'Esprit. Nous pouvons croire que nous sommes arrivés et n'avons plus rien d'autre à recevoir de l'Esprit. Et pourtant, il existe un autre don à recevoir, le don de la croissance. Sans croissance, il n'y a pas de vie. Nous devons continuer à apprendre, à connaître et à faire l'expérience de la personne du Christ. L'Esprit rend cette croissance possible.

Si nous sommes ouverts et disposés à être enseignés, l'action de l'Esprit en nous n'a pas de fin. Nous devons étudier la Parole de Dieu, adorer dans l'unité avec les autres croyants, fixer nos regards sur Jésus et recevoir quotidiennement l'action de l'Esprit.

Les signes de notre vie, façonnée par l'action de l'Esprit, seront le fruit. « Mais le fruit de l'Esprit, c'est l'amour, la joie, la paix, la patience, la bonté, la bienveillance, la foi, la douceur, la maîtrise de soi ; la loi n'est pas contre ces choses » (Galates 5.22-23). Les gens parlent souvent du fruit de l'Esprit en évoquant les miracles. J'ai même entendu des personnes dire que si aucun acte miraculeux n'est accompli, l'Esprit n'est pas présent. Souvenons-nous que le fruit d'une vie remplie de l'Esprit est miraculeux de par sa nature même.

Le monde a besoin de voir des disciples du Christ qui aiment, qui vivent des vies joyeuses et qui font la paix dans un monde rempli de violence. Le monde a désespérément besoin de chrétiens qui sont patients, bons, bienveillants et fidèles. Les gens désirent le témoignage de chrétiens qui sont doux et maîtres d'eux-mêmes au milieu du péché débridé qui nous entoure. Si nous pouvions faire preuve de ces dons de l'Esprit, nos mariages, nos familles, nos amitiés, nos lieux de travail, nos écoles, nos quartiers — en fait le monde entier — seraient différents grâce à l'action de l'Esprit en nous qui donne la vie.

Je suis reconnaissante de faire partie de quelque chose qui me dépasse. Le monde me dit que je devrais désirer la richesse, la puissance et la sécurité. Je pourrais le croire, si je ne connaissais pas un meilleur chemin. Heureusement, l'église m'a enseigné que j'ai été créée à l'image de Dieu; je suis destinée à être entière, grandissant à l'image du Christ par l'action du Saint-Esprit. Ce jour-là au Bangladesh, j'ai ressenti la camaraderie de frères et sœurs qui font l'expérience de la puissance du Saint-Esprit, qui sont façonnés et formés à l'image du Christ, apportant la vie au monde par l'action de l'Esprit qui transforme.

À chaque fois que l'ordre surgit du chaos, l'Esprit est à l'œuvre.
À chaque fois que l'espérance émerge du désespoir, l'Esprit est à l'œuvre.
À chaque fois que la vie est présente, l'Esprit est à l'œuvre.

Que notre désir soit, dès maintenant et toujours, de marcher selon l'Esprit (Galates 5.25).

Questions à réfléchir et à discuter

Pensez au texte que vous avez lu dans le chapitre 3 et répondez aux questions suivantes. Utilisez des références bibliques lorsque c'est possible afin d'étayer vos réponses.

1. Comment expliqueriez-vous la personne du Saint-Esprit à quelqu'un qui souhaite mieux connaître la foi chrétienne ?
2. Comment expliqueriez-vous l'œuvre du Saint-Esprit à quelqu'un qui souhaite mieux connaître la foi chrétienne ?

3. Pourquoi est-il plus difficile pour tant de gens de décrire le Saint-Esprit plutôt que le Père ou le Fils ?
4. Actes 2 nous raconte le récit de la venue du Saint-Esprit de nouvelles manières à la Pentecôte. Grâce à sa venue, les disciples du Christ ont partagé le message de l'Évangile avec tous ceux qui étaient prêts à l'écouter. Comment le Saint-Esprit agit-il en nous pour que nous partagions le message de l'Évangile aujourd'hui ?
5. Donnez des exemples de personnes qui ont été convaincues de leur péché par le Saint-Esprit.
6. Dans quelle mesure notre repentance par rapport au péché est-elle un don de Dieu ?
7. Comment le Saint-Esprit utilise-t-il notre repentance par rapport au péché et les expressions de notre foi en Jésus pour apporter une vie nouvelle (la régénération) ?
8. Que veut dire l'auteur de ce chapitre lorsqu'elle écrit : « Nous sommes appelés à être lumière et sel, et non des juges » ?
9. En quel sens sommes-nous partenaires de Dieu pour apporter une vie nouvelle à ceux qui en ont besoin ?
10. Quel est le don de l'Esprit que la Bible appelle sanctification ?
11. Comment le don de la sanctification de Dieu nous remplit-il d'amour parfait pour Dieu et pour autrui ?
12. Comment expliquez-vous la croissance progressive qui a lieu dans la vie des croyants lorsqu'ils continuent à apprendre, à connaître et à faire l'expérience de la personne du Christ ?
13. Comment l'Esprit nous enseigne-t-il lorsque nous :
    - Étudions la Parole de Dieu ?
    - Adorons avec d'autres croyants dans l'unité ?
    - Fixons nos regards sur Jésus ?
    - Recevons l'action de l'Esprit chaque jour ?
14. Décrivez comment le fruit de l'Esprit mentionné en Galates 5.22–23 se manifeste dans la vie des croyants.

15. Comment manifestons-nous la puissance de Dieu à l'œuvre dans le monde lorsque le fruit de l'Esprit est visible dans notre vie quotidienne ?
16. Comment l'Esprit nous fait-il grandir à l'image du Christ lorsque nous le suivons chaque jour ?
17. Donnez des exemples du Saint-Esprit à l'œuvre :
    - En apportant l'ordre au milieu du chaos.
    - En donnant de l'espoir dans des périodes de désespoir.
    - En donnant la vie.

LE SENS DE LA VIE
par Jorge L. Julca

Jorge L. Julca est directeur du Seminario Teológico Nazareno del Cono Sur à Buenos Aires en Argentine et coordinateur régional de l'éducation pour la région de l'Amérique du Sud.

IV. Les Saintes Écritures

Nous croyons à la pleine inspiration des Saintes Écritures, c'est-à-dire les soixante-six livres de l'Ancien et du Nouveau Testament donnés par inspiration divine, révélant infailliblement la volonté de Dieu à notre égard pour tout ce qui est nécessaire à notre salut, de telle sorte que ce qui n'y est pas contenu ne peut être prescrit comme article de foi.

(Luc 24.44-47; Jean 10.35; 1 Corinthiens 15.3-4; 2 Timothée 3.15-17; 1 Pierre 1.10-12; 2 Pierre 1.20-21)

Note du rédacteur: Du fait de son amour pour sa création, Dieu désire communiquer avec nous. Au fil du temps, les récits oraux des interactions de Dieu avec l'humanité ont conduit à des versions écrites de ces récits. La Parole écrite s'est développée lorsque les alphabets, les outils d'écriture et d'autres méthodes de communication non verbale sont apparus.

Dans l'Église du Nazaréen, nous avons créé notre cheminement théologique et doctrinal au fil de l'histoire de l'Église. Au fil de ce cheminement, les Écritures ont été primordiales dans la vie de notre église. Les Écritures ne font pas uniquement partie de notre héritage de la Réforme du seizième siècle (sola scriptura), mais elles forment également notre héritage arminien et wesleyen. Jacobus Arminius écrit : « En l'Écriture seule nous avons la parole infaillible de Dieu, et nulle part ailleurs ».

L'Espérance de la rédemption

Les Écritures nous raconte l'histoire du salut, qui s'étend de la Genèse à l'Apocalypse. Elles nous présentent la révélation que Dieu donne de lui-même par ses actes puissants ainsi que par la Parole faite chair, son Fils Jésus-Christ. Le but premier de Dieu dans les Écritures est de donner à l'humanité l'espérance de la rédemption du péché et de la mort. Dans ce but, il y a parfaite harmonie entre les prophètes, les paroles de Jésus et les apôtres autour du message essentiel de la Bible.

Notre identité et nos liens en tant que Nazaréens peuvent être réduits à quelques aspects fondamentaux. L'un d'entre eux concerne notre acceptation de l'inspiration plénière des soixante-six livres qui forment l'Ancien et le Nouveau Testaments. L'inspiration plénière signifie que la Bible dans sa totalité est la Parole de Dieu. Cette croyance signifie que nous reconnaissons que tous les auteurs bibliques, qui proviennent de différentes strates sociales, ont écrit selon des genres littéraires différents et dans leurs contextes, cultures et arrière-plans respectifs. Mais nous reconnaissons aussi que toute Écriture est inspirée par l'Esprit (2 Timothée 3.16). La Bible représente une intégration merveilleuse de diversité et d'unité dans un but rédempteur.

L'interprétation nazaréenne de l'inspiration des Écritures maintient également un juste équilibre entre l'élément divin-humain des Écritures et partage la même nature duelle de la Parole faite chair. Cette analogie christologique met en lumière un autre aspect distinctif de notre déclaration de foi qui affirme que les Écritures révèlent « infailliblement la volonté de Dieu à notre égard pour tout ce qui est nécessaire à notre salut ». Il est primordial de bien le comprendre. Nous reconnaissons par là que, dans ce processus dynamique, Dieu, par le Saint-Esprit, a assuré l'existence d'un témoignage précis et véridique de sa volonté qui inclut tous les éléments pertinents concernant notre rédemption en Christ.

Ce que nous croyons et notre manière de vivre

La pertinence des Écritures dans la foi chrétienne en tant que norme de foi et de conduite s'avère fondamentale. Par les Écritures nous connaissons Dieu, qui se révèle pour établir ce que nous devrions croire (notre doctrine, notre déclaration de foi), y compris la manière dont nous devrions vivre (notre norme éthique).

Cependant, les questions relatives à la Bible et à son message qui sont probablement les plus souvent répétées concernent la faisabilité de sa mise en pratique et sa pertinence pour nos vies quotidiennes. Nous pourrions nous demander : Quelle est l'utilité de la Bible ? Malgré le fossé historique qui nous sépare de l'époque où celle-ci a été écrite, la Parole détient-elle des réponses pour nous aujourd'hui ? Pouvons-nous avoir confiance en son message ?

L'auteur de l'épître aux Hébreux nous a laissé une déclaration claire et simple : « Car la parole de Dieu est vivante et efficace, plus tranchante qu'une épée quelconque à deux tranchants, pénétrante jusqu'à partager âme et esprit, jointures et moelles ; elle juge les sentiments et les pensées du cœur » (4.12). La première affirmation souligne la validité de la Bible, sa fidélité et sa pertinence pour notre situation présente. Cela signifie que les Écritures n'ont pas de date d'expiration et ne seront jamais une chose du passé. Celles-ci sont plus actuelles que l'édition du journal de demain matin. De ce fait, nous pouvons nous fier à elles. La deuxième affirmation n'est pas moins importante et concerne l'efficacité des Écritures. Selon Hébreux 4.12, nous pouvons être sûrs que la Parole produit ses effets, qu'elle est puissante, soulage, guide et transforme les vies.

Le sens de la vie

La Parole de Dieu n'est ni un ouvrage scientifique, ni un livre d'histoire. Elle n'a pas été écrite pour satisfaire la curiosité humaine. La Parole de Dieu donne réponse à toutes les questions existentielles des êtres humains concernant le sens de la vie. Cela signifie que, au-delà de la simple lecture des Écritures, il est impératif que nous leurs obéissions chaque jour. John Wesley a écrit : « L'Esprit de Dieu n'a pas seulement inspiré les personnes qui ont écrit [la Bible], mais il inspire continuellement et aide de façon surnaturelle ceux qui la lisent avec de ferventes prières. »

Tout au long de l'Ancien et du Nouveau Testaments, les références aux bénéfices liés à l'obéissance à la Parole de Dieu sont nombreuses :

Ceux qui trouvent leur plaisir en elle récoltent une vie solide, ferme et qui grandit (Psaume 1).

La personne qui obéit à ses commandements trouve une lumière sur son sentier (Psaume 119.105).

Celui qui est conduit par les conseils divins trouve le bon chemin pour arriver au but pour lequel il ou elle a été créé (Psaume 119.121-135).

Ceux qui suivent ses enseignements trouvent un chemin pour résister à la tentation (Matthieu 4.1-11).

Les personnes qui gardent la Parole vivent en communion avec Dieu (Jean 14.15-23).

Proverbes 4.20-22 est une invitation claire à écouter, lire et obéir à la Parole de Dieu et à la garder au centre d'une vie chrétienne victorieuse : « Mon fils, sois attentif à mes paroles, prête l'oreille à mes discours. Qu'ils ne s'éloignent pas de tes yeux ; garde-les dans le fond de ton cœur ; car c'est la vie pour ceux qui les trouvent, c'est la santé pour tout leur corps. »

Les verbes utilisés dans ces versets désignent notre relation avec la Parole. Ils augmentent en intensité et l'invitation devient commandement. Rester proche de la Bible produit des résultats immédiats pour trouver un sens à nos vies ainsi que la guérison de tous types de maux, à la fois spirituels et physiques.

Au fil de l'histoire de l'humanité, des millions de personnes ont été inspirées par les enseignements moraux et éthiques des Saintes Écritures. Nombreux sont ceux qui ont été rachetés par son message. Dans l'obéissance à ses préceptes, ils ont découvert le secret de la vie pleine et abondante voulue par notre créateur.

Un guide pour la communauté des croyants

Enfin, nous devons également affirmer que l'influence de la Parole de Dieu dépasse la sphère individuelle et concerne la sphère de la communauté des croyants. Dans cette perspective, nous devons nous demander : Quelle est la place occupée par la Parole de Dieu dans l'œuvre de l'église aujourd'hui ? Dans quelle mesure nos modèles d'adoration et de liturgie, de prédication, de leadership ou de pastorat sont-ils éprouvés par la Parole et façonnés par elle ?

Nous qui sommes engagés sur de nouveaux sentiers en tant que dénomination, nous devons demeurer fermes selon notre héritage dans notre relation au caractère central des Écritures et ceci nous aidera à rester attentifs aux instructions de Dieu. Cette perspective nous aidera à trouver des réponses à la fois pertinentes et saines sur le plan biblique afin de faire face aux nouveaux défis de notre génération.

Questions à réfléchir et à discuter

Pensez au texte que vous avez lu dans le chapitre 4 et répondez aux questions suivantes. Utilisez des références bibliques lorsque c'est possible afin d'étayer vos réponses.

1. Que veut dire l'auteur de ce chapitre lorsqu'il écrit : « Les Écritures n'ont pas de date d'expiration et ne seront jamais une chose du passé » ?
2. Le concept sola scriptura provient d'une phrase latine qui signifie « l'Écriture seule », ce qui signifie que les Écritures sont la source ultime d'instruction pour notre foi et notre pratique. Pourquoi ce concept est-il si important dans l'Église du Nazaréen ?
3. Comment se déroule l'histoire du salut de Dieu pour l'humanité dans les Écritures ?
4. Comment Dieu révèle-t-il sa personne et sa manière d'agir dans les pages des Écritures ?
5. Donnez des exemples tirés des Écritures de la mission de Dieu qui consiste à donner l'espérance de la rédemption du péché et de la mort.
6. Que veulent dire les Nazaréens lorsqu'ils parlent de « l'inspiration plénière » des Écritures ?
7. Donnez des exemples d'éléments divins et humains dans les Écritures.
8. Les Nazaréens croient que la Bible révèle la volonté de Dieu concernant toutes choses nécessaires à notre rédemption en Christ. Comment cette conception est-elle différente de ceux qui croient que la Bible est une source d'autorité sur tous les sujets, y compris les sciences et l'histoire ?
9. Donnez des exemples de la façon dont la Bible révèle la volonté de Dieu concernant :
    - Ce que nous devrions croire.
    - La manière dont nous devrions vivre.

10. De quelles façons la Bible aborde-t-elle les questions liées à notre vie quotidienne ?
11. Quelle est la relation entre le Saint-Esprit et la Bible ?
12. Qu'est-ce qui donne à la Bible la capacité de :
    - Produire des résultats dans la vie des gens lorsqu'ils la lisent ?
    - Soulager et guider ?
    - Transformer des vies ?
13. Donnez des exemples tirés de la Bible qui répondent à une question centrale de l'existence humaine : Quel est le sens de la vie ?
14. Comment le Saint-Esprit inspire-t-il continuellement et aide-t-il de façon surnaturelle ceux qui lisent la Bible avec de ferventes prières ?
15. Nommez certains bénéfices pratiques tirés de l'obéissance à la Parole de Dieu.
16. Comment la Bible révèle-t-elle le secret de la vie pleine et abondante voulue par Dieu ?
17. De quelles façons la Bible donne-t-elle des instructions pour l'adoration, la prédication, le leadership et le pastorat dans la communauté des croyants ?
18. Quel est le rôle essentiel que joue la Bible dans votre vie ?

LIBÉRÉS DU PÉCHÉ
par Svetlana Khobnya

Svetlana Khobnya est professeur en sciences bibliques au Nazarene Theological College à Manchester en Angleterre.

V. Le péché : originel et personnel

Nous croyons que le péché est entré dans le monde par la désobéissance de nos premiers parents et par le péché, la mort. Nous croyons que le péché est de deux sortes : le péché originel ou dépravation et le péché commis ou personnel.

Nous croyons que le péché originel ou dépravation est cette corruption de la nature de toute la postérité d'Adam, en raison de laquelle toute l'humanité s'est éloignée de l'état de justice originelle ou de pureté de nos premiers parents dès leur création ; que cette corruption est ennemie de Dieu, sans vie spirituelle, encline au mal et cela continuellement. Nous croyons de plus que le péché originel subsiste dans la nouvelle vie de la personne régénérée jusqu'à ce que son cœur soit pleinement purifié par le baptême du Saint-Esprit.

Nous croyons que le péché originel se différencie du péché commis en ce qu'il constitue une tendance héréditaire à commettre le péché. Aucune personne n'est tenue pour responsable du péché originel, sauf si elle ne tient pas compte du remède divin ou le rejette.

Nous croyons que le péché commis ou personnel est une violation volontaire d'une loi de Dieu connue par une personne moralement responsable. Il ne doit donc pas être confondu avec les effets involontaires et inévitables tels que les manquements, les infirmités, les défauts, les erreurs, les échecs ou d'autres déviations d'une norme de conduite parfaite qui sont tous des effets résiduels de la Chute. Cependant, ces effets n'incluent pas les attitudes ou réponses contraires à l'esprit de

Christ qui sont, à proprement parler, les péchés de l'esprit. Nous croyons que le péché personnel est tout d'abord et essentiellement une violation de la loi de l'amour ; et que par rapport à Christ ce péché peut être défini comme de l'incrédulité.

(Genèse 3 ; 6.5 ; Job 15.14 ; Psaume 51.5 ; Jérémie 17.9-10 ; Matthieu 22.36-40 ; Marc 7.21-23 ; Jean 8.34-36 ; 16.8-9 ; Romains 1.18-25 ; 3.23 ; 5.12-14 ; 6.15-23 ; 7.1-8.9 ; 8.18-24 ; 14.23 ; 1 Corinthiens 3.1-4 ; Galates 5.16-25 ; 1 Jean 1.7-2.4 ; 3.4, 7-10)

Il n'est pas nécessaire que l'on nous enseigne comment choisir notre propre intérêt et nos désirs plutôt que ceux d'autrui. Lorsque nous venons au monde, notre personne est clairement à la première place. Le comportement d'enfants sur une aire de jeu illustre bien ce phénomène. Le péché originel concerne la condition pécheresse de l'humanité. William Greathouse, ancien surintendant général, universitaire et théologien de l'Église du Nazaréen, a décrit cette condition en la comparant à une maladie. Cette maladie est une dépravation morale et spirituelle. Le cœur humain est enclin à l'autosatisfaction et désobéit inévitablement à Dieu. Nous ne disons pas qu'un individu est coupable devant Dieu à cause du péché originel. Ce type de péché peut uniquement nous tenter pour désobéir à Dieu et préférer nos voies plutôt que ses voies. Cependant, lorsque nous cédons à cette tentation, nous devenons responsables de notre péché personnel. En tant que maladie, le péché est fatal s'il n'est pas traité.

Bien que la terminologie de la maladie soit utile, nous devons en dire davantage. Il existe des maladies génétiques et héréditaires. Ceux qui en ont hérité sont des victimes innocentes affectées par une sorte de déficience incurable. D'autres maladies peuvent être guéries et n'affectent plus les individus. Certaines maladies peuvent disparaître d'elles-mêmes, et aucune action n'est requise à leur sujet. Mais le péché est différent de toutes ces maladies. En regardant à nouveau vers les Écritures, nous pouvons être davantage éclairés.

Une relation avec Dieu brisée

Dans le récit biblique, l'histoire humaine débute sans péché. Le péché ne fait son entrée qu'en tant que conséquence de l'épisode de Genèse 3 qui marque une rupture avec la grâce de Dieu. La condition pécheresse n'était donc pas l'état naturel de l'humanité. L'humanité a été créée pour vivre en relation constante avec Dieu le créateur. Naturellement, nous avions besoin de Dieu et il n'a jamais arrêté de chercher à restaurer cette relation avec nous. Nous observons cette vérité lorsque Dieu appelle Adam et ses descendants, dans la relation d'alliance d'Abraham avec Dieu et finalement, dans la réconciliation apportée par le Christ. Ainsi, le péché est d'abord relationnel. La Genèse ainsi que l'épître aux Romains décrivent la condition pécheresse de l'humanité comme l'aliénation d'une relation avec Dieu. Elle débute par une relation troublée avec Dieu mais produit une iniquité toujours plus grande et des conséquences grandissantes (Romains 6.23).

La Bible décrit le péché à l'échelle mondiale comme une puissance incontrôlée qui affecte tout l'univers. Il progresse par la rébellion humaine dans le monde, asservissant toute personne. Lorsqu'elles cèdent à leurs tentations, leurs esprits et leurs intentions deviennent troubles. Le péché affecte et pervertit notre humanité de sorte que nous devenons inévitablement pécheurs. La loi de Dieu, le peuple de Dieu et toute la création ont été détournés des intentions originelles de Dieu. La mort spirituelle et la crainte de la mort physique en sont le résultat. Le péché devient un maître qui produit une servitude totale dont les personnes ne peuvent pas se libérer elles-mêmes (Romains 6.16, 20).

D'un côté, le péché devient personnel. C'est une orientation centrée sur soi et qui éloigne de Dieu. La Bible l'affirme clairement : « Tous ont péché » (Romains 3.23). La mort est entrée par le péché, mais elle se répand à tous car tous ont péché (Romains 5.12). Personne n'échappe à la puissance du péché (Psaume 51). Paul parle de notre solidarité avec Adam (Romains 5.12). D'une certaine manière, chacun d'entre nous rejoue la chute, et nous sommes personnellement responsables de nos actes de péché (Ézéchiel 18 ; 1 Jean 3.4).

D'un autre côté, le péché a des conséquences universelles et collectives. Lorsque la relation avec Dieu est déformée, toutes les relations deviennent tordues et toutes les sphères de la vie sont affectées. Le péché corrompt la race humaine — non seulement les individus mais aussi les familles, les sociétés, la politique, l'économie et la culture. Tous les peuples sont responsables de leur accumulation pécheresse car tous leurs membres exercent leurs effets les uns sur les autres. Nous sommes tous nés dans un environnement où le péché est déjà présent et où il est plus facile de faire le mal que d'être guidé par le bien. La création partage aussi les conséquences de la condition pécheresse de l'humanité, et soupire dans l'attente de sa rédemption de sa présente futilité (Romains 8.19-20).

Le remède au péché

Alors, quel est le remède au péché ? Comment la liberté nous est-elle apportée ? Quelle est la perspective biblique sur la solution au problème du péché ?

En tant que maladie, le péché nécessite une intervention. Le pardon et la grâce guérissante de Dieu et notre participation à la restauration du Christ constituent le remède. Pour nous libérer de la puissance du péché et de l'esprit d'esclavage, le Christ a revêtu notre condition humaine et a vaincu le péché par sa vie et sa mort sur la croix dans l'obéissance (Hébreux 4.15). Le Christ est venu en solidarité avec l'humanité. Cependant, il est demeuré fidèle et obéissant dans sa relation au Père de sorte qu'en Christ, nous soyons restaurés. Nous pouvons devenir solidaires avec le Christ et son obéissance. Par lui, nous pouvons demeurer dans le domaine divin et être rendus capables de résister au péché.

Le péché pardonné, la relation restaurée

Puisque le péché nous affecte tous personnellement, nous devons tous être crucifiés avec Christ afin d'être pardonnés et restaurés dans notre relation à Dieu (Galates 2.19-20). De plus, puisque nous vivons toujours dans un monde déchu, nous devons continuellement apprendre du Christ (Éphésiens 4.20-24) et être guidés par son Esprit (Galates 5.22-25).

La solution au péché est fondée dans notre salut collectif en Christ. Paul, en particulier, soutient que la solidarité collective dans l'obéissance du Christ est bien plus qu'une équivalence de la solidarité collective qui découle d'Adam (Romains 5.17-21). L'offre inconcevable de Dieu en Christ consiste à réconcilier toutes choses avec lui-même. En Christ, Dieu veut délivrer l'humanité du péché sous tous ses aspects, y compris au niveau personnel, social, politique, économique et environnemental. Le langage communautaire prépare les personnes qui sont en Christ à exercer une influence collective les uns envers les autres (en tant que corps de Christ) et dans le monde. Ceux qui se trouvent en Christ sont participants de façon collective et peuvent s'influencer mutuellement, influencer leur société et le reste du monde selon les voies d'amour et de transformation du Christ jusqu'à la conquête définitive du péché lors de la seconde venue du Christ.

Cette conquête implique de mourir et de ressusciter avec le Christ (Romains 6.11). Mourir au péché et ressusciter avec le Christ est un concept puissant qui nous invite à nous dépouiller nous-mêmes et à laisser le Saint-Esprit nous remplir complètement. En Christ, le péché ne sera plus notre maître (Romains 6.14). Nos pensées étant fixées vers le Christ et remplis de l'Esprit du Christ (Romains 8.10), nous avons besoin d'une constante transformation. Étant engagés envers Dieu en Christ par l'Esprit, nous devons continuer à résister aux puissances du mal dans le monde (Éphésiens 6.10-18). Nous avons besoin du Christ et de son Esprit qui est destiné à vivre et régner totalement en nous!

Questions à réfléchir et à discuter

Pensez au texte que vous avez lu dans le chapitre 5 et répondez aux questions suivantes. Utilisez des références bibliques lorsque c'est possible afin d'étayer vos réponses.

1. Donnez des exemples des façons dont le péché originel dirige toute personne, y compris les enfants, vers ses propres préférences et désirs personnels.
2. Comment le péché ressemble-t-il à une maladie?
3. Comment le péché est-il différent d'une maladie?
4. Pourquoi la tentation du péché est-elle si puissante?
5. Pourquoi Dieu n'a-t-il jamais arrêté de rechercher l'humanité perdue après qu'elle ait péché?
6. De quelles manières tous les péchés sont-ils une aliénation de la relation à Dieu?
7. En quel sens le péché est-il une puissance qui affecte le monde entier?
8. Donnez des exemples qui montrent comment le péché devient un maître qui engendre une totale servitude de laquelle les gens ne peuvent pas se libérer eux-mêmes.

9. Comment le péché amène-t-il la mort spirituelle et rapproche-t-il notre mort physique ?
10. Quels sont les conséquences des péchés personnels sur les familles, les sociétés, la politique, l'économie et la culture ?
11. D'un point de vue naturel, pourquoi est-il plus facile de faire ce que nous voulons faire plutôt que d'être guidés par les bons projets de Dieu pour nous ?
12. Quel est le remède du péché ?
13. Comment Jésus-Christ a-t-il rendu possible notre libération de la puissance et de la domination du péché ?
14. Comment le Christ apporte-t-il aux croyants la délivrance du péché qui est personnel, social, politique, économique et environnemental ?
15. Comment la rédemption du péché par le Christ agit-elle dans la communauté de foi et parmi les croyants ?
16. Expliquez en termes simples comment les croyants meurent au péché et sont ressuscités pour une vie nouvelle en Christ.
17. Comment la vie des disciples du Christ est-elle transformée par le Saint-Esprit ?
18. Comment le Saint-Esprit aide-t-il les disciples du Christ à résister à la tentation ?
19. Pourquoi appelons-nous notre rédemption la vie nouvelle en Christ ?
20. Quel est votre témoignage concernant la délivrance du péché par le Christ dans votre vie ?

ÊTRE UN
par Thomas A. Noble

Thomas A. Noble est professeur de théologie au Nazarene Theological Seminary de Kansas City et professeur invité et directeur des recherches de doctorat au Nazarene Theological College de Manchester.

VI. L'expiation

Nous croyons que Jésus-Christ, par ses souffrances, par l'effusion de son propre sang et par sa mort sur la croix, a pleinement expié tout péché humain, que cette expiation est l'unique moyen de salut et qu'elle est suffisante pour chaque personne de la race adamique. L'expiation est gracieusement offerte pour le salut de la personne qui n'est pas moralement responsable et des enfants innocents, mais elle n'est efficace pour le salut de la personne qui atteint l'âge de la responsabilité que lorsque celle-ci se repent et croit.

(Esaïe 53.5-6, 11 ; Marc 10.45 ; Luc 24.46-48 ; Jean 1.29 ; 3.14-17 ; Actes 4.10-12 ; Romains 3.21-26 ; 4.17-25 ; 5.6-21 ; 1 Corinthiens 6.20 ; 2 Corinthiens 5.14-21 ; Galates 1.3-4 ; 3.13-14 ; Colossiens 1.19-23 ; 1 Timothée 2.3-6 ; Tite 2.11-14 ; Hébreux 2.9 ; 9.11-14 ; 13.12 ; 1 Pierre 1.18-21 ; 2.19-25 ; 1 Jean 2.1-2)

Notre foi possède de nombreuses facettes, mais tout est centré sur l'Évangile du « Christ crucifié » (1 Corinthiens 1.23 ; Galates 3.1). Il nous faut aborder cinq termes importants de cet article de foi.

Jésus-Christ

Premièrement, tout s'articule autour de notre Seigneur Jésus-Christ. Dans l'article II, nous avons déjà affirmé que nous croyons en Jésus-Christ. C'est important ! Ce n'est pas que nous croyions uniquement certaines choses à propos du Christ. Nous croyons qu'il est mort pour nos péchés (1

Corinthiens 15.3). Nous croyons en lui. Nous lui faisons confiance. C'est une relation personnelle. Nous lui faisons pleinement confiance parce que nous savons qu'il est mort pour nous sauver. Il nous a tant aimé qu'il a souffert pour nous. Mais la clé consiste à saisir qui est mort. Le Dieu incarné a souffert pour nous. Le Dieu incarné s'est donné lui-même pour souffrir une mort atroce sur la croix — et c'est ici la mesure de son amour.

Une pleine expiation

La traduction anglaise du mot expiation, « atonement », a été utilisée pour la première fois par William Tyndale, traducteur de la Bible, pour signifier que par l'expiation, deux parties deviennent « at one » — deviennent un — c'est-à-dire que deux parties opposées sont désormais unies. En d'autres termes, l'expiation signifie une réconciliation. Ainsi, la mort du Christ sur la croix nous a réconciliés avec Dieu.

Mais le mot expiation a un deuxième sens. Le verbe expier est utilisé pour traduire le verbe hébreu « kaphar » qui désigne les sacrifices de l'Ancien Testament. Certains de ces sacrifices expiaient le péché d'Israël, particulièrement les sacrifices de la fête annuelle du Yom Kippour, le jour du Grand Pardon. Ce contexte nous donne une indication concernant la mort du Christ qui nous a réconciliés avec Dieu.

Athanase, évêque d'Alexandrie au quatrième siècle de notre ère et l'un des plus grands théologiens de l'église ancienne, explique dans son livre Sur l'incarnation du Verbe que Dieu était confronté à un dilemme. (À l'évidence, c'est une manière très humaine de parler de Dieu, mais cela nous aide à comprendre le mystère.) Le dilemme était qu'il aimait passionnément les êtres humains qu'il avait créés mais qu'ils lui avaient désobéi et s'étaient rebellés contre lui. En conséquence, ils se détruisaient eux-mêmes. Mais Dieu ne pouvait pas dire : « Oh, cela n'a pas d'importance ». C'était important, au contraire. Faire fi du saint amour de Dieu aurait signifié la destruction de la bonne création de Dieu. La loi qui ordonnait tout l'univers devait être respectée. Ainsi, Dieu assuma les conséquences en devenant notre représentant en Jésus, le nouveau chef de la race humaine. Athanase écrit qu'il offrit son corps « comme substitut pour tous, payant la dette par sa mort ».

Dieu le Fils, en tant qu'être humain, s'offrit lui-même comme sacrifice ultime afin de satisfaire non seulement la justice et la colère de Dieu, mais aussi son propre amour. Jésus, nouveau chef de la race, incarnant l'humanité, a offert à Dieu ce que lui seul pouvait offrir — l'offrande la plus ultime possible d'amour, d'obéissance et de sacrifice de soi. L'amour répondait à l'amour. Ainsi, Dieu et l'humanité sont à nouveau un par la croix.

L'unique moyen de salut

Selon Paul, nous avons besoin d'être sauvés du péché, de la mort, des dominations, des autorités et du mal. Mais le salut consiste également à être sauvé du juste jugement de Dieu (Romains 1.18-3.19). Beaucoup pensent qu'au jugement dernier, Dieu comparera nos bonnes actions avec le mal que nous aurons commis, mais la foi chrétienne rejette complètement cette idée. Aucune de nos actions ne peut suffire à nous réconcilier avec Dieu. Jésus-Christ est le seul moyen, la raison de notre salut.

Mais nous avons également besoin d'une vision plus large, plus profonde et plus véridique de la signification du salut. Trop souvent, nous nous concentrons sur ce dont nous sommes sauvés — du péché, de la mort, la colère et l'enfer. Nous devons également réfléchir à ce pour quoi nous sommes sauvés. Nous sommes sauvés pour intégrer une nouvelle famille, la famille aimante de l'église et du peuple de Dieu. Et au cœur de ce salut, nous pouvons maintenant appeler Dieu « Abba, Père » lorsque nous recevons l'Esprit (Romains 8.15-16 ; Galates 4.5-7). Nous sommes un avec Dieu.

Trop souvent, nous concevons le salut en des termes très étroits en disant que nous irons au paradis à notre mort. Mais les gens d'aujourd'hui demandent souvent : « Y a-t-il une vie avant la mort ? » Et la réponse glorieuse de l'Évangile est « Oui ! ». Le salut nous donne une espérance solide pour le monde à venir, mais il nous donne aussi une espérance solide pour aujourd'hui. Chaque jour, les gens gâchent leur vie. Chaque jour, des personnes vivent dans la dépendance à l'alcool, la drogue, le tabac et la pornographie. Chaque jour, des familles sont divisées. La Bonne Nouvelle de l'Évangile, c'est que les personnes peuvent connaître la rédemption et la réconciliation dès aujourd'hui. L'expiation du Christ est le fondement du salut pour aujourd'hui — la liberté, la paix et une vie nouvelle.

Cela signifie que la sanctification dans le présent est incluse dans le salut. L'expiation ne nous amène pas uniquement le salut en tant que pardon et justification ; elle nous apporte le salut en tant que pureté et purification. « Le sang de Jésus son Fils nous purifie de tout péché » (1 Jean 1.7b).

John Wesley avait des mots très durs envers William Law, l'un de ses mentors, qui avait insisté sur le fait qu'il devait « imiter » le Christ mais sans rien dire de l'expiation comme fondement du salut. Wesley écrit : « Il n'y a pas non plus de chemin plus sûr vers l'imitation du Christ que la foi en Christ crucifié, en lui qui a souffert pour nous ... L'origine et la cause de notre rédemption se trouvent en l'ineffable amour de Dieu le Père, qui a choisi de nous racheter par le sang de son Fils ; la grâce du Fils, qui a librement pris notre malédiction sur lui ... et du Saint-Esprit, qui communique l'amour du Père et la grâce du Fils à nos cœurs. Quand nous parlons de cela et de la satisfaction du Christ, nous parlons du plus grand mystère de la foi chrétienne. »

Suffisante pour chaque personne de la race adamique

Cette phrase souligne la doctrine de l'expiation universelle. Cette doctrine affirme que le Christ est mort pour tous, et celle-ci est bien explicite dans divers textes bibliques. Notre médiateur, Jésus-Christ « s'est donné lui-même en rançon pour tous » (1 Timothée 2.5-6 ; voir également Hébreux 2.9 ; Jean 3.17 ; 12.47).

Cette doctrine ne doit pas être confondue avec l'universalisme, la notion selon laquelle tous seront sauvés. Au lieu de cela, nous soulignons que ceux qui sont perdus seront perdus malgré le fait que Dieu désirait qu'ils soient sauvés et malgré la mort du Christ pour eux.

Il est nécessaire de clarifier ce point car des chers frères et sœurs chrétiens qui croient en la Bible et qui honorent Dieu croient en une expiation limitée — à savoir que le Christ est mort uniquement pour les élus, ceux que Dieu a prédestinés au salut dès le commencement. Jean Calvin, le grand réformateur, affirmait souvent que le Christ était mort pour tous. Mais, par désir de glorifier Dieu et de ne pas affirmer un quelconque mérite pour son propre salut, il conçut la doctrine selon laquelle, avant la fondation du monde, Dieu élit une partie de la race humaine pour le salut et il « réprouva » le reste des êtres humains pour être damnés. Les élus allaient croire en l'Évangile et être sauvés ; et ceux qui étaient « réprouvés » ne croiraient pas. Certains de ses disciples (mais pas tous) en déduisirent que cela devait signifier que le Christ était mort uniquement pour les élus. Ils trouvèrent ensuite des façons de mettre de côté les textes bibliques qui ne correspondaient pas à leur édifice théologique.

John Wesley était horrifié par l'enseignement de la prédestination à la damnation et selon lequel le Christ n'était pas mort pour toute l'humanité. Il considérait que c'était là un blasphème contre l'amour de Dieu. Avec son frère Charles, il considérait que ses amis chrétiens qui enseignaient ces notions s'étaient sérieusement égarés, et ils insistaient en toutes occasions sur le fait que le Christ est mort pour tous.

> *Pour tous les hommes il goûta la mort.*
> *Il a souffert une fois pour toutes.*
> *Il appelle toute âme qui vive,*
> *Et tous peuvent entendre son appel.*
> *En aucun cas tu ne peux te moquer des fils des hommes,*
> *En nous invitant à nous approcher de toi,*
> *Offrant ta grâce à tous, pour ensuite*
> *Retirer ta grâce à la plupart d'entre eux !*
> *Quelle horreur de penser que Dieu a de la haine !*
> *Que la furie peut en Dieu résider !*
> *Dieu créerait un monde sans espoir*
> *S'il les poussait jusqu'en enfer !*
> —Charles Wesley

Les enfants et les personnes qui ne sont pas responsables moralement

Enfin, l'article de foi sur l'expiation évoque ces millions d'êtres humains qui ne sont pas en capacité de comprendre l'Évangile. L'expiation est « gracieusement efficace » pour leur salut (c'est-à-dire qu'elle est en vigueur). Elle produit leur salut. En bref, ils seront sauvés.

La meilleure perspective pour ce point de la doctrine est celle de l'expiation collective. Notre expression usuelle, « expiation universelle », pourrait nous autoriser à penser uniquement au salut des personnes individuelles.

La quasi-totalité des débats de l'ère moderne considèrent uniquement les êtres humains dans leur individualité. L'individualisme est profondément ancré dans la culture occidentale, en conséquence nous pensons le salut et l'expiation uniquement dans leur dimension individuelle. Mais les spécialistes de la Bible attirent notre attention sur le fait que la pensée biblique commence par une dimension bien plus collective. L'unité fondamentale de l'humanité n'est pas l'individu : c'est la famille, la tribu, le corps (corpus) de la race humaine dans sa totalité. Lorsque le Fils de Dieu devient incarné, il devient un membre de cette unité. Il a été fait « chair » (Jean 1.14), la base physique commune à toute vie humaine. Lorsqu'il fut crucifié l'ancienne humanité (Romains 6.6), la race humaine, est morte collectivement en lui. Lorsqu'il est ressuscité d'entre les morts, il était les prémices de la nouvelle humanité. De cette façon, il est devenu la nouvelle tête du corps (Colossiens 1.18), de la nouvelle humanité. La croix n'a pas seulement créé la possibilité du salut ; elle a effectivement réalisé le salut de la race humaine considérée dans sa dimension collective. C'est le fondement qui permet d'affirmer que les bébés et ceux qui n'atteignent jamais la responsabilité morale seront effectivement sauvés.

Cela signifie-t-il que tous seront sauvés ? Malheureusement, non. Nous avons été réconciliés mais ceux qui entendent et comprennent le message doivent chacun répondre personnellement à cet appel : « Soyez réconciliés ! » (2 Corinthiens 5.18-20). Comme l'article VI l'affirme finalement, ceux qui atteignent l'âge de la responsabilité doivent se repentir et croire. S'ils refusent, ils renieront « le maître qui les a rachetés » (2 Pierre 2.1). Notre réconciliation avec Dieu a été réalisée collectivement ; c'est pourquoi nous pouvons chacun dire avec assurance lorsque nous regardons à la croix : « Mes péchés ont été effacés au calvaire ». L'Agneau de Dieu a ôté le péché du monde (Jean 1.29). Bien que Dieu ait traité le péché de façon collective, tous ceux qui en sont capables sont appelés à entrer personnellement dans son salut. Son but est une communion mondiale de personnes qui sont unies à lui, et qui l'aiment aussi librement qu'il nous aime lui-même.

Questions à réfléchir et à discuter

Pensez au texte que vous avez lu dans le chapitre 6 et répondez aux questions suivantes. Utilisez des références bibliques lorsque c'est possible afin d'étayer vos réponses.

1. Quelle différence y a-t-il entre le fait de savoir qui est Jésus et le fait de croire en lui ?
2. Pourquoi notre relation personnelle avec Jésus-Christ est-elle un aspect essentiel de la foi chrétienne ?
3. Pour vous, que signifie le mot expiation ?
4. En quel sens la mort de Jésus-Christ sur la croix est-elle une démonstration de son amour pour nous ?
5. En quel sens la mort de Jésus-Christ sur la croix est-elle à la fois une façon de répondre à notre rébellion contre Dieu et une façon de restaurer les liens avec l'humanité perdue ?
6. Expliquez de façon simple comment Jésus a représenté l'humanité perdue sur la croix.
7. Comment répondez-vous à la notion couramment répandue qui affirme qu'à la fin de notre vie, Dieu compare toutes nos bonnes actions et nos mauvaises actions et nous accédons au paradis si les bonnes actions surpassent les mauvaises ?
8. Quelles autres fausses idées avez-vous entendues au sujet du salut ?
9. De quoi Jésus-Christ nous sauve-t-il par sa mort expiatoire sur la croix ?
10. Pour quoi Jésus-Christ nous sauve-t-il par sa mort expiatoire sur la croix ?
11. De quelle manière le salut chrétien nous donne-t-il une espérance pour le temps présent ?
12. Que voulons-nous dire lorsque nous affirmons que l'expiation en Christ ne se limite pas au pardon de nos péchés passés mais inclut également la sanctification par la pureté et la purification ?
13. Que voulons-nous dire lorsque nous affirmons que « Christ est mort pour tous » (voir Jean 3.17 ; 12.47 ; 1 Timothée 2.5–6, Hébreux 2.9) ?

14. Quelle est la différence entre la doctrine de l'expiation universelle et la doctrine de l'universalisme ?
15. Pourquoi l'universalisme est-il si populaire aujourd'hui ?
16. Quelle est la différence entre la doctrine de l'expiation universelle et celle de l'expiation limitée ?
17. Pourquoi la doctrine de l'expiation limitée est-elle si populaire aujourd'hui ?
18. Comment expliquons-nous avec assurance le salut des bébés, des jeunes enfants et de ceux qui ne sont pas moralement responsables ?
19. Pourquoi la repentance et la croyance sont-elles des éléments importants de notre conception de l'expiation du Christ ?
20. Comment pouvons-nous mieux expliquer l'expiation du Christ à un monde qui en a tant besoin ?

LA GRÂCE QUI PRÉCÈDE

par Hunter Dale Cummings

Hunter Dale Cummings est titulaire d'un doctorat du Nazarene Theological College de Manchester et est pasteur dans l'état de Géorgie aux États-Unis.

VII. La grâce prévenante

Nous croyons que la création de la race humaine à l'image de Dieu impliquait la faculté de choisir entre le bien et le mal et les êtres humains furent ainsi créés comme étant moralement responsables ; que par la chute d'Adam, ils sont devenus dépravés de sorte qu'ils ne peuvent se détourner et invoquer Dieu par leurs propres forces naturelles et leurs propres œuvres pour arriver à la foi. Mais nous croyons aussi que la grâce de Dieu en Jésus-Christ est librement accordée à tout être humain, permettant à tous ceux qui veulent abandonner le péché pour la justice, de croire en Jésus-Christ pour le pardon et la purification des péchés et d'accomplir des œuvres bonnes et agréables à Dieu.

Nous croyons que toute personne, bien qu'elle ait fait l'expérience de la régénération et de l'entière sanctification, peut déchoir de la grâce et apostasier et, à moins qu'elle ne se repente de ses péchés, peut être perdue sans espoir et pour l'éternité.

(Genèse 1.26-27 ; 2.16-17 ; Deutéronome 28.1-2 ; 30.19 ; Josué 24.15 ; Job 14.4 ; 15.14 ; Psaume 8.3-5 ; Psaume 14.1-4 ; 51.5 ; Esaïe 1.8-10 ; Jérémie 31.29-30 ; Ézéchiel 18.1-4, 25–26 ; Michée 6.8 ; Jean 1.12-13 ; 3.6 ; Actes 5.31 ; Romains 1.19-20 ; 2.1-16 ; 3.10-12 ; 5.6-8, 12–14, 18, 20 ; 6.15-16, 23 ; 7.14-25 ; 10.6-8 ; 11.22 ; 14.7-12 ; 1 Corinthiens 2.9-14 ; 10.1-12 ; 2 Corinthiens 5.18-19 ; Galates 5.6 ; 6.7-8 ; Éphésiens 2.8-10 ; Philippiens 2.12-13 ; Colossiens 1.21-23 ; 2 Timothée 4.10 ; Tite 2.11-14 ; Hébreux 2.1-3 ; 3.12-15 ; 6.4-6 ; 10.26-31 ; Jacques 2.18-22 ; 2 Pierre 1.10-11 ; 2.20-22)

« Comment se fait-il que je sois toujours en vie ? » Brittany se posait la question, hochant la tête en souriant. Levant les yeux au ciel, elle commença à se remémorer l'histoire de sa vie. Elle aurait dû mourir. Steve, son pasteur, savait qu'elle avait frôlé la mort avant même d'arriver à l'hôpital. Mais il était loin de se douter que Brittany avait failli mourir une demi-douzaine de fois par le passé.

Steve lui répondit : « Par la grâce prévenante de Dieu ».

« C'est quoi, la grâce prévenante ? » lui répondit-elle.

La grâce qui précède

La grâce prévenante, ou grâce qui précède, est la grâce de Dieu qui va au-devant de nous. Dans la Bible, ce concept est suggéré dans le prologue de l'Évangile de Jean : « Cette lumière était la véritable lumière, qui, en venant dans le monde, éclaire tout homme » (Jean 1.9). Deux composantes essentielles de la grâce prévenante sont implicites dans ce verset.

Premièrement, la grâce prévenante est donnée à tous. Ce don est directement lié à notre croyance selon laquelle Jésus-Christ a « pleinement expié tout péché humain ». Le Christ est mort pour tous et le don de Dieu de la grâce libre est accessible à tous ceux qui sont disposés à la recevoir. Deuxièmement, la lumière vient « dans le monde ». Dieu a déversé sa grâce dans le monde depuis le commencement et continue à le faire.

Notre croissance dans la grâce est un processus, et bien que la grâce soit donnée de la même manière à tous, tous n'ont pas la même capacité à comprendre la plénitude de lumière qui nous a été donnée. Les témoignages de la grâce prévenante sont nombreux dans la Bible, mais celle-ci nous vient également de la tradition chrétienne.

La grâce prévenante est un concept qui apparaît tôt au cours de l'histoire de l'église durant le second concile d'Orange au sixième siècle, lors duquel il est affirmé que la grâce prévenante est nécessaire au commencement de la foi. Cette idée est également présente au concile de Trente au seizième siècle.

La grâce prévenante existe également dans la branche orthodoxe du christianisme. La foi orthodoxe enseigne le synergisme (le rôle croisé de la liberté humaine et de la grâce divine dans notre salut). Cependant le catholicisme et la foi orthodoxe (en Orient comme en Occident) ne souscrivent pas à la corruption totale comme c'est le cas dans la troisième branche du christianisme, le protestantisme. Les premiers débats portant sur la théologie de Saint Augustin du libre arbitre de l'humanité a laissé place à des débats plus nuancés aux dix-septième et dix-huitième siècles entre l'arminianisme et le calvinisme. Le calvinisme prend le parti de souligner la volonté et le choix souverains de Dieu pour expliquer comment la corruption totale est vaincue chez les êtres humains. Les tenants de l'arminianisme considèrent que c'est la grâce prévenante qui nous permet de surmonter les effets de notre corruption totale.

La grâce qui œuvre en coulisses

Steve, le pasteur de Brittany, lui expliqua que la grâce de Dieu était peut-être à l'œuvre de manière unique dans sa vie, puisqu'un couple de leur église avait pris la décision de donner une nouvelle voiture équipée d'airbags à Brittany, une semaine à peine avant son accident. La grâce prévenante signifie que Dieu agit parfois à notre place pour nous protéger du mal. Steve était convaincu que la grande générosité dont avaient fait preuve ses paroissiens était une expression de la grâce de Dieu dans leur cœur, tout comme l'était aussi le salut de Brittany.

Cela faisait seulement quelques mois que Brittany avait rejoint l'église de Steve après leur rencontre dans un bus de la ville. La grâce prévenante explique comment Dieu nous amène à rencontrer certaines personnes et comment il nous attire vers certains groupes, en particulier vers le peuple de Dieu (c'est-à-dire l'église). Steve expliqua que la grâce de Dieu avait épargné Brittany d'une manière que les équipes de premiers secours qualifièrent de « vraiment miraculeuse ». Il lui montra que Dieu avait fait preuve de miséricorde envers elle dans chaque période sombre de sa vie jusqu'au culte d'adoration durant lequel elle entendit la voix de Dieu l'appelant à se repentir et à croire en Jésus-Christ. La grâce prévenante explique non seulement les actes de grâce accomplis par Dieu mais aussi l'appel de Dieu.

Le théologien wesleyen Albert Outler explique que la grâce prévenante peut à la fois être conçue dans un sens étroit et dans un sens large. Jusqu'à présent, le miracle de Brittany a uniquement été illustré dans le sens plus étroit de la grâce prévenante. Pour Outler, le sens étroit de la grâce prévenante concerne l'action de Dieu dans la vie des pécheurs avant qu'ils ne soient sauvés (avant la grâce qui justifie et qui sanctifie). Steve voyait cette grâce dans les événements miraculeux par lesquels Dieu sauva la vie biologique de Brittany. Mais tandis que Brittany se trouvait en pleine réflexion sur les difficultés de sa vie dans son lit d'hôpital — elle avait lutté avec la dépendance à la drogue, des agressions répétées, un divorce et une série de mauvaises décisions — elle réalisait que, bien avant qu'elle ne décide de se tourner vers le Christ après l'un des sermons de Steve, Dieu l'avait dirigée pour revenir vers le peuple de Dieu et vers une vie d'engagement envers Dieu.

La grâce qui rend capable

Cependant, la grâce prévenante peut aussi dans un sens plus large décrire toute grâce car elle décrit les actes passés de Dieu. La conception qu'avait John Wesley de la grâce prévenante était plus large que les seules conversations et décisions qui rapprochaient les pécheurs de Dieu. Pour Wesley, la grâce prévenante défait les effets du péché originel et de la corruption totale qui se trouvent au cœur de la théologie de ce réformateur protestant.

Kenneth Collins, dans son livre The Theology of John Wesley, suggère cinq effets potentiels de la grâce prévenante. La grâce prévenante permet les effets suivants :

1. Une connaissance basique des attributs de Dieu.
2. La réinscription de la loi morale.
3. La conscience formée par Dieu, pas uniquement par la société ou la nature.
4. Une mesure de libre arbitre sera restaurée par grâce.
5. Une limitation de la méchanceté.

Tous les effets mentionnés ci-dessus confirment la vérité de l'affirmation de l'évangile de Jean selon laquelle « la véritable lumière ... en venant dans le monde, éclaire tout homme » (Jean 1.9). Tous ces effets peuvent être résumés en une seule expression : « rendre capable ». La grâce prévenante, ou qui précède, peut tout aussi bien être décrite comme une grâce qui rend capable, car elle nous permet d'accomplir, en partie, ce que notre corruption totale rendait auparavant impossible.

L'infirmière entra dans la chambre arborant un grand sourire.

« Qui est votre visiteur ? » demanda-t-elle.

« C'est mon pasteur » répondit fièrement Brittany.

L'infirmière, surprise, lui demanda : « Comment as-tu bien pu devenir chrétienne ? »

Brittany avait déjà raconté à l'infirmière certaines de ses expériences passées. L'arrière-plan de Brittany et l'histoire de la première partie de sa vie ne semblait pas donner l'impression qu'elle recevrait la visite de son pasteur ou qu'elle était chrétienne. Brittany se mit à rire. « Ça, c'est une longue histoire. Nous étions justement en train de parler du fait que la grâce explique les conversions les plus improbables et aussi le parcours des personnes qui sont élevées dans l'église. »

Après le départ de l'infirmière, Brittany expliqua à Steve qu'elle se demandait comment lui parler du Christ. Parmi ses connaissances, Caroline était l'une des personnes qui ressemblait le plus à Jésus, mais elle n'était pas croyante et ne souhaitait pas fréquenter une quelconque église d'après les conversations qu'elle avait eues avec elle et après l'avoir invitée à son église. Brittany demanda à son pasteur : « Comment expliquer le fait que Caroline semble vivre à l'image du Christ, plus que certains chrétiens ? »

Après un moment, Steve lui répondit : « Caroline reflète la miséricorde de son créateur dans sa façon d'accomplir son travail. Bien qu'elle ne soit pas chrétienne, elle fait tout de même l'expérience de la grâce prévenante de Dieu en choisissant de vivre une vie de bonté. »

« Je ne comprends pas » répondit Brittany. « La semaine dernière, tu m'as dit que nous étions tous morts dans nos péchés et que, avant de connaître Jésus, nous ne pouvons pas choisir le bien que nous voulons choisir. Tu te souviens de l'étude biblique sur Romains 7 ? »

Le pasteur lui répondit : « Eh bien, avant de décider de demander à Jésus de me sauver de mes péchés, dans sa grâce Dieu m'a donné le désir de vouloir lui obéir. Même quand notre volonté est asservie et que nous ne sommes pas libres de choisir le bien, Dieu nous donne le libre arbitre de faire un véritable choix. Ton infirmière a été bénie et a la capacité de faire le choix conscient de faire preuve de bonté envers ses patients ».

Non seulement la grâce prévenante, la grâce qui rend capable, explique la bonté de l'infirmière de Brittany, mais cette grâce explique aussi pourquoi les personnes qui n'ont pas même entendu le nom de Jésus peuvent agir selon leur conscience. La grâce prévenante dans les vies humaines est l'une des manières dont Dieu limite la méchanceté dans ce monde déchu.

Une telle doctrine holistique est essentielle pour permettre une vision chrétienne viable du monde.

Une grâce sans limites

Chaque personne possède une vision du monde — une manière de voir ou de ne pas voir Dieu, l'humanité et le sens dans lequel se dirige le monde. Une vision du monde réalisable accomplit trois choses : elle décrit la réalité, elle est cohérente au niveau interne et elle est ouverte aux questions. La grâce prévenante répond à tous ces critères car elle est sans limites.

Premièrement, la grâce prévenante nous aide à décrire la réalité dans toute sa complexité. Elle décrit la façon dont les personnes qui se trouvent hors du corps de Christ peuvent accomplir tant de bonnes choses. Elle décrit des situations complexes et miraculeuses comme le retour de Brittany vers le Christ ainsi que le don gratuit miraculeux qui a sauvé sa vie.

Deuxièmement, la grâce prévenante rend notre théologie cohérente au niveau interne. Elle permet aux Wesleyens de maintenir en tension leurs croyances concernant la corruption totale de l'humanité, le salut par la grâce, la responsabilité humaine et l'expiation illimitée du Christ.

Troisièmement, les possibilités illimitées de la grâce prévenante nous permettent de poser des questions difficiles concernant notre vision chrétienne du monde. Une théologie solide de la grâce prévenante devrait ouvrir notre dialogue avec d'autres religions, d'autres systèmes de croyances et d'autres traditions de la foi. Nous devons garder à l'esprit que cette action dans le monde a un but particulier. On n'allume pas l'affichage lumineux d'une boutique sans avoir un but bien précis.

La grâce prévenante ne doit pas être confondue avec la grâce qui convertit, qui justifie, qui sauve et qui sanctifie. Si quelqu'un prépare notre valise en vue d'un voyage, ce n'est pas la même chose que de partir pour commencer le voyage en tant que tel. Néanmoins, une fois en chemin, cette grâce illimitée de Dieu donne aux pasteurs de l'humilité pour demander ensemble avec les rescapés de la dépendance à la drogue : « Comment se fait-il que je sois toujours en vie ? »

La réponse est, dans tous les cas, par la grâce prévenante.

Questions à réfléchir et à discuter

Pensez au texte que vous avez lu dans le chapitre 7 et répondez aux questions suivantes. Utilisez des références bibliques lorsque c'est possible afin d'étayer vos réponses.

1. Que signifie pour vous la notion de grâce prévenante de Dieu ?
2. Avez-vous des exemples de la grâce prévenante de Dieu dans votre vie ?
3. En quel sens la grâce prévenante est-elle un élément nécessaire pour que nous arrivions à la foi en Christ ?
4. Comment expliquez-vous le lien entre liberté humaine et grâce divine dans notre salut ?
5. Comment la conception wesleyo-arminienne de la grâce prévenante, telle qu'elle est comprise dans l'Église du Nazaréen, est-elle différente de la vision calviniste d'une volonté divine souveraine à l'extrême ?
6. Quel serait un exemple de la façon dont la grâce prévenante de Dieu nous protège du mal ?
7. Quel serait un exemple de la façon dont la grâce prévenante de Dieu nous amène jusqu'à la communauté des croyants ?
8. Quel serait un exemple de la façon dont la grâce prévenante de Dieu nous appelle vers Dieu lui-même ?
9. Quel serait un exemple de la façon dont la grâce prévenante de Dieu nous précède de diverses manières dans notre vie quotidienne ?
10. Que pouvons-nous apprendre concernant les attributs de Dieu par la grâce prévenante ?
11. Que nous enseigne la grâce prévenante au sujet de la loi morale de Dieu ?
12. En quelle mesure la grâce prévenante de Dieu aide-t-elle à former notre conscience ?
13. En quelle mesure la grâce prévenante nous permet-elle d'exercer notre libre arbitre ?
14. Quel serait un exemple de la façon dont la grâce prévenante de Dieu nous permet de surmonter la destruction liée à la corruption du péché ?

15. Quel serait un exemple de la façon dont la grâce prévenante de Dieu place en nous le désir d'avoir la volonté d'obéir à Dieu ?
16. Quel serait un exemple de la façon dont la grâce prévenante de Dieu limite la méchanceté dans notre monde déchu ?
17. Dans quelle mesure la grâce prévenante de Dieu nous aide-t-elle à décrire la réalité dans toute sa complexité ?
18. Dans quelle mesure la grâce prévenante de Dieu rend-elle notre théologie cohérente sur le plan interne ?
19. En quelle mesure la grâce prévenante de Dieu nous permet-elle de poser des questions difficiles concernant notre vision chrétienne du monde ?
20. Expliquez la différence qu'il y a entre la grâce prévenante et la grâce divine qui nous convertit, nous justifie, nous sauve et nous sanctifie.

8. LA NÉCESSITÉ PERMANENTE

par Rubén Fernández

Rubén Fernández est président du Seminario Nazareno de las Américas et coordinateur régional de l'éducation pour la région Méso-Amérique.

VIII. La repentance

Nous croyons que la repentance est exigée de tous ceux qui, par pensée ou par action, sont devenus pécheurs contre Dieu. Elle est un changement d'esprit sincère et complet quant au péché, impliquant un sentiment de culpabilité personnelle et un abandon volontaire du péché. L'Esprit de Dieu accorde à tous ceux qui choisissent de se repentir l'aide gracieuse d'un cœur pénitent et l'espérance de la miséricorde, afin qu'en croyant ils puissent recevoir le pardon et la vie spirituelle.

<small>(1 Chroniques 7.14; Psaume 32.5-6; 51.1-19; Esaïe 55.6-7; Jérémie 3.12-14; Ézéchiel 18.30-32; 33.14-16; Marc 1.14-15; Luc 3.1-14; 13.1-5; 18.9-14; Actes 2.38; 3.19; 5.31; 17.30-31; 26.16-18; Romains 2.4; 2 Corinthiens 7.8-11; 1 Thessaloniciens 1.9; 2 Pierre 3.9)</small>

« Faites demi-tour dès que possible » me répétait mon navigateur GPS. Mais je ne voulais pas l'écouter. Je voulais suivre ma propre voie. J'ai choisi de désobéir à ses bonnes instructions, et j'en ai payé les conséquences. J'étais perdu !

La repentance, c'est faire un demi-tour dans la vie. C'est un changement total d'orientation. Une réorientation à 180 degrés. Vous avez inversé le cap. Vous êtes désormais en route vers une nouvelle destination.

Le mot repentance n'est pas un mot attrayant dans notre ère postmoderne. Vous n'entendrez pas souvent parler de repentance dans les médias, même dans les médias chrétiens les plus écoutés. Cela ne fait pas grimper les audiences.

Personne n'aime entendre qu'il faut se repentir. C'est vrai même dans les cultes d'adoration, où les méthodes « plus accueillantes » sont privilégiées pour aborder le sujet. Malheureusement, de telles pratiques ne touchent pas en profondeur la vie des gens. « Tout le conseil de Dieu » (Actes 20.27) n'est pas proclamé.

Jésus a prêché la repentance

Jésus prêchait la repentance. Marc 1.15 nous dit que son message comprenait trois éléments simples : « Le temps est accompli, et le royaume de Dieu est proche. Repentez-vous, et croyez à la bonne nouvelle. »

En chemin vers Jérusalem, Jésus utilisa deux événements tragiques pour appeler ses compatriotes à se repentir. Les gens considéraient souvent que les catastrophes ou les accidents étaient des punitions pour les péchés que « des pécheurs pires que nous » avaient commis par le passé. Mais Jésus dit non : tous doivent se repentir, ou périr (Luc 13.2-3).

Au chapitre 15 du même évangile, Jésus raconte trois belles paraboles sur le berger qui trouve sa brebis perdue, la femme qui trouve sa pièce perdue et le père qui pardonne à son fils perdu. Dans les deux premières paraboles, Jésus révèle l'intimité du ciel qui célèbre la repentance d'un seul être humain (v. 7, 10). La troisième parabole nous montre clairement les étapes de la repentance du fils prodigue : prendre conscience des faits, réaliser la situation (v. 17), décider de changer (v. 18), faire demi-tour, avancer dans la bonne direction (v. 20) et demander humblement pardon (v. 21).

Le fruit de la repentance

Le message de repentance prêché par Jésus a été porté par l'église primitive. Nous voyons cela avec Pierre à la Pentecôte (Actes 2) et avec Philippe lors de sa rencontre avec l'Éthiopien (Actes 8). À Athènes, Paul transmet clairement le message de l'Évangile, disant clairement aux Grecs qu'ils doivent se repentir (Actes 17.30).

La repentance implique d'être convaincu que nous avons offensé Dieu. De plus, pour qu'il y ait repentance, il doit y avoir une profonde peine pour nos péchés et un changement d'attitude. Il devrait y avoir une décision claire d'abandonner le péché et une démonstration de cette décision par les fruits de la repentance. Si ce suivi n'a pas lieu, la repentance n'est pas authentique. C'est pourquoi les croyants qui ne sont pas repentants peuvent se trouver sur les listes de membres des églises chrétiennes.

Paul a écrit que, pour ceux qui sont en Christ, « les choses anciennes sont passées » (2 Corinthiens 5.17). Le mot grec traduit par « passées » signifie également « ont cessé d'exister » ou « ont disparu » et le verbe est conjugué au temps aoriste, indiquant par là un acte précis, accompli une fois pour toutes. Il est intéressant de noter que le même terme est utilisé pour désigner des changements drastiques de la création à la fin des temps. Par exemple, Luc 21.33 indique : « Le ciel et la terre passeront, mais mes paroles ne passeront point ». En 2 Pierre 3, le « jour du Seigneur » est ainsi décrit : « … les cieux passeront avec fracas, les éléments embrasés se dissoudront, et la terre avec les œuvres qu'elle renferme sera consumée » (v. 10).

Pour nous repentir, nous devons avoir un désir intérieur qui vient d'abord de la grâce de Dieu (Romains 2.4). Bien qu'il soit vrai que l'Esprit nous donne le pouvoir de changer, la décision finale nous appartient entièrement.

Repentance et renouveau

Pour grandir dans la vie chrétienne, nous devons être attentifs à la voix du Saint-Esprit lorsqu'il nous montre que nous sommes dans l'erreur dans nos pensées ou dans ce que nous avons dit ou fait. La repentance signifie que nous abandonnons les pratiques pécheresses de notre ancienne vie, ce qui nous prépare au renouveau dans tous les domaines de notre vie par l'Esprit. Même David — le roi selon le cœur de Dieu — était un souverain qui a dû se repentir de son péché (Psaume 51). Les pasteurs et les églises doivent parfois se repentir, comme nous le voyons pour les églises à Éphèse, Pergame, Thyatire, Sardes et Laodicée (Apocalypse 2 et 3).

Parfois, les chrétiens doivent changer leur attitude, comme le fit Pierre en Actes 10. Dans un premier temps, Pierre croyait que seuls les Juifs pouvaient être sauvés, mais par la main de Dieu Pierre eut l'opportunité de changer — et il changea effectivement. Il partagea le moment où il reçut cette révélation lorsqu'il se trouvait dans la maison de Cornelius, le centurion romain, en disant : « En vérité, je reconnais que Dieu ne fait point de favoritisme, mais qu'en toute nation celui qui le craint et qui pratique la justice lui est agréable » (Actes 10.34-35). Pierre a été transformé dans sa pensée. Nous le constatons par le fait que, lorsque le Saint-Esprit est descendu sur Cornelius et ceux qui étaient avec lui, Pierre ordonna qu'ils soient baptisés. Nous le voyons également dans le rapport que Pierre donne à l'église de Jérusalem, dont le récit figure en Actes 2.

En repentance

Nous avons tous besoin de ces moments cruciaux dans nos vies. Ils viennent comme résultat de la lecture de la Parole, de la prière, l'écoute de la prédication, l'étude de la Bible, l'écoute d'autrui ou — comme c'est le cas pour Pierre — par d'autres moyens créatifs utilisés par le Saint-Esprit.

Le besoin de repentance est une composante permanente de la vie chrétienne, même pour les chrétiens sanctifiés. Le Saint-Esprit nous conduit à la maturité et nous montre les domaines de nos vies où des changements sont nécessaires. Pour persévérer dans la vie sainte, nous devons être attentifs à la voix de l'Esprit et corriger notre cap lorsqu'il nous dit que quelque chose ne va pas.

L'apôtre Jean nous rappelle que, lorsque nous demeurons en Christ, le sang de Jésus continue à nous purifier de tout péché (1 Jean 1.7). Les chrétiens ne peuvent pas échapper à la tentation, mais nous pouvons y résister par la grâce de Dieu qui agit dans nos vies. 1 Corinthiens 10.12 nous rappelle cette importante vérité : « Ainsi donc, que celui qui croit être debout prenne garde de tomber ! »

En Philippiens 1.6, Paul écrit : « Je suis persuadé que celui qui a commencé en vous cette bonne œuvre la rendra parfaite pour le jour de Jésus-Christ ». Dans la vie chrétienne, il est toujours besoin d'être vigilant pour ne pas s'égarer, comme cela nous l'est dit en Hébreux 2.1 : « C'est pourquoi nous devons d'autant plus nous attacher aux choses que nous avons entendues, de peur que nous ne soyons emportés loin d'elles ».

Le Saint-Esprit est le GPS de notre vie spirituelle. Nous devons écouter attentivement sa voix et suivre ses instructions lorsqu'il nous dit : « Fais demi-tour » !

Questions à réfléchir et à discuter

Pensez au texte que vous avez lu dans le chapitre 8 et répondez aux questions suivantes. Utilisez des références bibliques lorsque c'est possible afin d'étayer vos réponses.

1. Comment définissez-vous la repentance ?
2. Quels sont certains principes bibliques importants utilisés pour expliquer le concept de la repentance ?
3. Pourquoi Jésus a-t-il prêché le message impopulaire de la repentance ?
4. Pourquoi devons-nous nous repentir avant de pouvoir croire en la Bonne Nouvelle du message de Jésus ?
5. Pourquoi est-il toujours aussi facile aujourd'hui qu'au temps de Jésus de juger ceux dont les péchés sont « pires que les nôtres » et de refuser de voir combien nous avons nous-mêmes besoin du pardon de Dieu ?
6. Donnez un exemple tiré de votre propre expérience, ou de l'expérience d'une personne que vous connaissez, qui montre chacune des étapes menant à la repentance que Jésus a données dans la parabole du fils prodigue (Luc 15) :
   - Prendre conscience des faits
   - Réaliser la situation
   - Décider de changer
   - Faire demi-tour
   - Avancer dans la bonne direction
   - Demander humblement pardon
7. De quelles façons offensons-nous Dieu et pourquoi avons-nous besoin de nous repentir ?
8. Pourquoi devons-nous éprouver de la peine concernant nos péchés et changer d'attitude à leur sujet ?
9. Pourquoi devons-nous décider d'abandonner nos péchés afin de faire preuve d'une repentance authentique ?
10. Une fois que nous nous sommes repentis de nos péchés, pourquoi ne pouvons-nous pas simplement retourner à nos pratiques habituelles de péché en ignorant notre conscience, comme certains l'affirment ?

11. Comment le Saint-Esprit nous rend-il capable de nous repentir ?
12. Nommez des façons dont le Saint-Esprit nous appelle à la repentance en :
    - Lisant la Bible
    - Écoutant des sermons
    - Écoutant le témoignage d'autres Chrétiens
    - Priant pour que Dieu nous conduise
13. Dans quels domaines de notre vie le Saint-Esprit appelle-t-il les croyants sanctifiés à se repentir ?
14. Pourquoi les croyants doivent-ils rester ouverts à la voix du Saint-Esprit qui appelle à la repentance ?
15. Comment la résistance à la voix du Saint-Esprit peut-elle conduire un croyant à tomber en tentation ?
16. Quels sont les dangers de la vie chrétienne qui amènent à une dérive spirituelle loin de la volonté et de la direction de Dieu pour nos vies ?
17. Quel est le meilleur moyen de résister à la tentation de dériver loin de la volonté et de la direction de Dieu pour nos vies ?
18. Pourquoi le Saint-Esprit est-il si désireux de pousser les croyants à continuer leur marche dans la bonne direction ?
19. Quel serait un exemple de votre vie, ou d'une personne que vous connaissez, montrant la voix du Saint-Esprit qui guide pour nous repentir du péché ou pour tourner vers une lumière nouvelle ?
20. Comment pouvons-nous nourrir la voix directrice du Saint-Esprit dans nos vies ?

UN NOUVEAU DÉPART PAR LA GRÂCE

par Samantha Chambo

Samantha Chambo est ancien ordonné dans l'Église du Nazaréen et coordinatrice des Femmes africaines membres du clergé nazaréen.

IX. La justification, la régénération et l'adoption

Nous croyons que la justification est l'acte juridique et miséricordieux de Dieu, par lequel il accorde plein pardon de toute culpabilité et rémission complète de la peine pour les péchés commis, ainsi que l'acceptation comme justes de tous ceux qui croient en Jésus-Christ et le reçoivent comme Seigneur et Sauveur.

Nous croyons que la régénération ou nouvelle naissance est cette œuvre miséricordieuse de Dieu par laquelle la nature morale du croyant repentant est stimulée spirituellement, lui accordant ainsi une vie spirituelle authentique, capable de foi, d'amour et d'obéissance.

Nous croyons que l'adoption est cet acte miséricordieux de Dieu par lequel le croyant justifié et régénéré est établi enfant de Dieu.

Nous croyons que la justification, la régénération et l'adoption sont simultanées dans l'expérience de ceux qui cherchent Dieu et sont acquises sous condition de la foi, précédée par la repentance ; et que le Saint-Esprit rend témoignage de cette œuvre et de cet état de grâce.

(Luc 18.14 ; Jean 1.12-13 ; 3.3-8 ; 5.24 ; Actes 13.39 ; Romains 1.17 ; 3.21-26, 28 ; 4.5-9, 17-25 ; 5.1, 16-19 ; 6.4 ; 7.6 ; 8.1, 15-17 ; 1 Corinthiens 1.30 ; 6.11 ; 2 Corinthiens 5.17-21 ; Galates 2.16-21 ; 3.1-14, 26 ; 4.4-7 ; Éphésiens 1.6-7 ; 2.1, 4-5 ; Philippiens 3.3-9 ; Colossiens 2.13 ; Tite 3.4-7 ; 1 Pierre 1.23 ; 1 Jean 1.9 ; 3.1-2, 9 ; 4.7 ; 5.1, 9-13, 18)

Quand j'étais petite, j'enviais souvent mes amis qui venaient de familles stables. Du fait que mon propre foyer était plutôt turbulent, j'imaginais la vie magnifique que j'aurais si j'étais née dans une famille différente. Maintenant que je suis adulte, je suis reconnaissante pour la famille biologique dans laquelle je suis née, mais je suis éternellement reconnaissante d'avoir reçu une nouvelle famille spirituelle qui m'a permis d'avoir une magnifique vie nouvelle. C'est le résultat de mon salut. L'article de foi IX de l'Église du Nazaréen exprime le changement merveilleux qui se produit en nous lorsque nous entrons en relation avec Jésus-Christ. C'est le commencement d'une vie nouvelle et libérée.

La justification : Une ardoise effacée

Lorsque nous pensons à la justification, nous nous rappelons d'un Dieu aimant qui a fait de grandes choses pour nous amener à une relation restaurée avec lui. Il a accompli cela en envoyant son Fils mourir sur la croix pour nous. Nous sommes libérés de la condamnation du péché parce que Jésus-Christ a pris notre place sur la croix. En conséquence, nous pouvons être libérés de la crainte du jugement et de la condamnation et nous pouvons aussi être libérés des sentiments de culpabilité et de honte qui sont généralement comme une colle qui nous rattache à notre ancienne manière de vivre. Nous pouvons bénéficier du fait que Jésus-Christ, par sa mort et sa résurrection, a remporté la victoire sur le péché pour nous et nous pouvons vivre une vie victorieuse par la grâce de Dieu. La culpabilité, la crainte et la honte nous séparaient de Dieu et d'autrui parce que nous ne nous sentions pas dignes de leur amour. Mais le don de la grâce de Dieu nous donne un nouveau départ. La justification signifie que notre ardoise est effacée et que nous connaissons un nouveau départ. Par la justification, nous sommes déclarés non coupables, ce qui signifie que nous pouvons vivre dans la présence de Dieu avec une conscience pure. Nous recevons cette justification comme don gratuit de Dieu lorsque nous choisissons de répondre à l'amour fidèle de Dieu envers nous en croyant en son Fils. J. A. Motyer a dit : « Tout comme au commencement, Dieu a dit : « Que la lumière soit » et il y eut de la lumière, de même au moment qu'il a choisi pour notre nouvelle naissance, il a dit : « Que la vie soit » et il y eut de la vie ».

La régénération : Une nouvelle vie spirituelle

La régénération nous donne une vie spirituelle nouvelle, ce qui signifie que nous avons désormais une nouvelle sensibilité concernant le Saint-Esprit de Dieu et que notre discernement moral est également meilleur. Nous ne sommes pas obligés de vivre selon le scénario du péché ou de l'égoïsme ou sous le contrôle des choses négatives qui se produisent autour de nous. Nous pouvons choisir d'être libres des réponses prédéterminées et de vivre selon la conduite du Saint-Esprit dans nos vies. La régénération signifie également la purification des anciennes choses négatives de notre vie et une capacité plus grande à aimer Dieu et autrui.

Bien que la justification et la régénération se produisent simultanément, celles-ci sont des dons bien distincts. Par la justification, je suis amenée à une nouvelle relation avec Dieu et j'ai l'opportunité de commencer une merveilleuse vie nouvelle mais par la régénération, je suis préparée, équipée et renouvelée pour pouvoir vivre cette vie nouvelle. C'est le message de 2 Corinthiens 5.17 concernant la justification : « Si quelqu'un est en Christ, il est une nouvelle création. Les choses anciennes sont passées ; voici toutes choses sont devenues nouvelles ! »

H. O. Wiley a dit : « Par la justification, Dieu nous amène dans sa faveur ; par l'adoption, il nous amène dans son cœur. »

L'adoption : appartenance et soutien

L'adoption nous donne l'appartenance et un soutien pour vivre cette vie nouvelle. Je suis une nouvelle personne au sein d'une nouvelle famille. Je suis acceptée en tant qu'enfant de Dieu avec tous les privilèges, avantages et responsabilités qui en découlent. En Romains 8.1-7, Paul dit que nous sommes adoptés dans la famille de Dieu et que nous avons désormais le droit d'appeler Dieu « Abba, Père » — une manière très intime de se référer à Dieu. Paul enseigne en Romains 8 que nous sommes désormais cohéritiers avec Jésus-Christ. Mais il affirme également la responsabilité qui est la nôtre en tant que membres de la famille de Dieu. Nous devons vivre dans l'obéissance à l'Esprit de Dieu. Cette obéissance est rendue possible par l'œuvre de la régénération du même Esprit dans nos vies.

Il est difficile de fréquenter vos anciennes connaissances car elles s'attendent à ce que vous vous comportiez comme vous le faisiez par le passé.

Appartenir à la famille de Dieu me donne un nouvel environnement dans lequel je peux m'épanouir en tant qu'enfant de Dieu. Cela ne signifie pas que je serai isolée de ma famille biologique. Cela signifie que Dieu me donne une nouvelle famille qui partage mes croyances, qui m'aime, me comprend, m'accepte et m'encourage à vivre pleinement pour Dieu. Les rituels partagés dans cette nouvelle famille tels que le baptême, la sainte cène et l'adoration collective sont autant de signes de ma nouvelle place dans la sainte famille de Dieu.

Juste un point de départ

Ainsi, par la justification, la régénération et l'adoption : nous sommes restaurés dans notre relation avec Dieu ; nous sommes aimés, acceptés et pardonnés ; nous recevons une vie nouvelle qui est le point de départ d'une transformation permanente de notre vie ; et nous recevons une nouvelle famille où notre transformation est nourrie. Toutes ces choses se produisent simultanément, et font partie d'une seule et merveilleuse bénédiction.

Ce qu'il y a de plus formidable dans tout cela, c'est que cette nouvelle vie n'est que le point de départ d'une relation toujours plus profonde avec le Christ au fur et à mesure de ma transformation pour lui ressembler davantage. Bien que l'action de Dieu soit réalisée une fois pour toutes en moi et pour moi à ma conversion, c'est aussi une bénédiction continuelle. Cela signifie que ma relation à Dieu et à autrui est continuellement ajustée. Tandis que je grandis et que je commets des erreurs dues à ma faiblesse humaine, ma vie est chaque jour renouvelée. Je grandis dans ma connaissance de Christ et je suis établie comme membre de la famille de Dieu tandis que j'apprends à faire davantage confiance au Christ.

Les conséquences pratiques de ce changement affectent également mes relations avec les personnes qui se trouvent hors de l'église. Il est impossible pour quelqu'un qui a reçu un amour et une grâce si abondants de les garder pour soi de manière égoïste. Ma plus grande joie est alors d'inviter d'autres personnes dans cette merveilleuse famille de Dieu. Être acceptée dans la famille de Dieu m'a sauvé la vie de bien des façons et j'en suis éternellement reconnaissante.

Questions à réfléchir et à discuter

Pensez au texte que vous avez lu dans le chapitre 9 et répondez aux questions suivantes. Utilisez des références bibliques lorsque c'est possible afin d'étayer vos réponses.

1. Le mot justification est un terme juridique utilisé lorsqu'un juge déclare lors d'un procès qu'une personne est non coupable. Comment ce terme décrit-il notre justification spirituelle grâce à la déclaration de Dieu ?
2. Comment pourriez-vous expliquer la justification en termes simples à un ami ?
3. Comment Dieu peut-il déclarer que les pécheurs sont non coupables tout en demeurant fidèle à la nature même de Dieu, qui est saint et juste ?
4. Le mot régénération signifie que quelque chose est renouvelé ou connaît une nouvelle naissance. Comment ce terme décrit-il notre vie spirituelle, qui a été touchée par Dieu ?
5. Comment pourriez-vous expliquer la régénération en termes simples à un ami ?
6. Quelle différence y a-t-il entre justification et régénération ?
7. Le mot adoption concerne les relations familiales. Comment ce terme décrit-il le changement qui a lieu dans notre relation avec Dieu ?
8. Comment le concept chrétien des enfants adoptés qui jouissent d'une relation de proximité avec le Père céleste est-il différent des religions du monde qui n'enseignent aucun concept de relation familiale avec leur(s) dieu(x) ?
9. De quelles façons la communauté des croyants devient-elle une nouvelle famille pour le chrétien ?
10. En quel sens votre famille dans la foi ressemble-t-elle à votre famille biologique ?
11. Comment notre famille dans la foi est-elle différente de notre famille biologique ?
12. De quelles façons Dieu change-t-il les croyants au fil du temps pour qu'ils ressemblent davantage au Christ ?

13. Quelles sont les pratiques chrétiennes qui nous aident à rester ouverts aux changements que Dieu amène au fil du temps pour nous rendre semblables au Christ ?
14. Quelle différence y a-t-il entre le péché et la faiblesse humaine ?
15. Les croyants seront-ils un jour délivrés de toute faiblesse humaine dans cette vie ?
16. Décrivez en vos propres termes ce que vous ressentez lorsque vous entendez Dieu déclarer que vous êtes « non coupable » !
17. Décrivez en vos propres termes comment la régénération a changé votre vie grâce à la puissance régénératrice de Dieu.
18. Décrivez en vos propres termes ce que vous avez ressenti lorsque vous avez été adopté dans la famille de Dieu.
19. Qu'est-ce qui motive les chrétiens à inviter des personnes à faire l'expérience de Dieu par la justification, la régénération et l'adoption ?
20. Comment Dieu nous rend-il capable de vivre une vie qui porte témoignage de l'œuvre de justification, de régénération et d'adoption de Dieu ?

VERS LE HAUT, VERS L'INTÉRIEUR ET VERS L'EXTÉRIEUR

par Deirdre Brower Latz

Deirdre Brower Latz est directrice et professeure de théologie pastorale et sociale au Nazarene Theological College de Manchester en Angleterre.

X. La sainteté chrétienne et l'entière sanctification

Nous croyons que la sanctification est l'œuvre de Dieu qui transforme les croyants à l'image de Christ. Elle s'opère par la grâce de Dieu par l'action du Saint-Esprit : d'abord par la sanctification initiale ou régénération (en même temps que la justification) ; ensuite par l'entière sanctification ; puis par l'œuvre continue de transformation du Saint-Esprit culminant à la glorification. Au moment de la glorification, nous sommes totalement conformes à son image.

Nous croyons que l'entière sanctification est l'acte de Dieu, suivant la régénération, par lequel les croyants sont libérés du péché originel ou dépravation et sont amenés à un état d'entière consécration à Dieu et à la sainte obéissance de l'amour rendu parfait.

Elle est accomplie par le baptême ou effusion du Saint-Esprit et intègre dans une seule expérience la purification du cœur de tout péché ainsi que la présence constante et intime du Saint-Esprit, fortifiant le croyant pour la vie et le service.

L'entière sanctification est rendue possible par le sang de Jésus. Elle est réalisée instantanément par la grâce au moyen de la foi, précédée par l'entière consécration. Le Saint Esprit rend témoignage de cette œuvre et de cet état de grâce.

Cette expérience est exprimée par différents termes qui illustrent ses diverses phases, tels que : perfection chrétienne, amour parfait, pureté du cœur, baptême ou effusion du Saint-Esprit, plénitude de la bénédiction et sainteté chrétienne.

Nous croyons qu'il y a une nette distinction entre un cœur pur et un caractère mature. Le premier s'obtient instantanément, résultat de l'entière sanctification ; quant au second, il résulte de la croissance dans la grâce.

Nous croyons que le don de l'entière sanctification inclut l'impulsion divine de croître dans la grâce en tant que disciple à l'image de Christ. Cependant, cette impulsion doit être consciencieusement nourrie et il faut donner une attention soigneuse aux conditions requises et aux processus de développement spirituel et d'amélioration du caractère et de la personnalité à l'image de Christ. Cela requiert un effort soutenu sans lequel le témoignage peut être affaibli et la grâce contrariée et finalement perdue.

Les croyants grandissent en grâce et en amour sans réserve pour Dieu et le prochain en participant aux moyens de grâce, en particulier : la communion fraternelle, les disciplines spirituelles et les sacrements de l'Église.

(Deutéronome 30.6 ; Jérémie 31.31-34 ; Ézéchiel 36.25-27 ; Malachie 3.2-3 ; Matthieu 3.11-12 ; 5.1-7.29 ; 22.37-40 ; Luc 3.16-17 ; Jean 7.37-39 ; 14.15-23 ; 15.1-11 ; 17.6-20 ; Actes 1.5 ; 2.1-4 ; 15.8-9 ; Romains 6.11-13, 19 ; 8.1-4, 8-14 ; 12.1-15.3 ; 15.29 ; 1 Corinthiens 13 ; 2 Corinthiens 6.14-7.1 ; Galates 2.20 ; 5.16-25 ; Éphésiens 3.14-21 ; 4.17-5.20 ; 5.25-27 ; Philippiens 1.9-11 ; 3.10-15 ; Colossiens 2.20-3.17 ; 1 Thessaloniciens 3.13 ; 4.7-8 ; 5.23-24 ; 2 Timothée 2.19-22 ; Hébreux 4.9-11 ; 6.1 ; 10.10-17, 19-25 ; 12.1-2, 14 ; 13.12, 20–21 ; 1 Pierre 1.15-16, 22 ; 2 Pierre 1.1-11 ; 3.18 ; 1 Jean 1.7, 9 ; 3.3 ; 4.17-18 ; Jude 20-21)

Que signifie être une personne qui peut soutenir et incarner l'œuvre de sanctification de Dieu ? Être le peuple saint de Dieu, rendu saint par le Saint-Esprit de Dieu, et qui ressemble uniquement au Saint de Dieu ? Pourquoi est-ce important pour notre vie quotidienne ? À chaque fois que je réfléchis à ce que signifie être entièrement saint, ou pleinement enfant de Dieu, je suis portée vers trois réalités distinctes, complexes et entremêlées.

Vers le haut

Pour que la sainteté soit absolue dans notre vie, le seul chemin imaginable est que nos vies soient entièrement données à Dieu. Dieu est le premier à nous aimer avec largesse et abondance, et il répand son amour sur nous. Cette initiative dans l'amour nous appelle à lui répondre. L'amour de Dieu nous attire et lorsque les croyants répondent — en un moment ou pendant toute une vie — ils découvrent ce que signifie être en vie, pleinement, totalement consumés par la grâce de Dieu pour eux. Ils savent qu'ils sont libres, aimés et entiers. L'amour de Dieu commence à saturer leur vie.

Plus nous participons à une telle vie d'amour, plus nous découvrons que nous avons besoin d'un approfondissement de l'amour de Dieu, qui emplit entièrement nos cœurs et sature nos vies, qui nous habite et nous purifie pour témoigner de la puissance de Dieu à l'œuvre en nous par l'Esprit du Seigneur Jésus ressuscité. Cette participation a un début, mais n'a pas de fin. Ainsi, le témoignage de la présence de Dieu dans ma vie (ou notre vie) devrait donner lumière et vie. Toute odeur de mort, de haine, de violence et de maladie s'évanouira. Au lieu de cela nous trouvons une vie nouvelle créée par Dieu de laquelle émane des parfums d'amour plein de grâce, généreux et profond ainsi qu'une sagesse divine saturée par l'amour et la fidélité. La personne qui est attirée par l'Esprit et qui décide de vivre selon la voie de Jésus donne à Dieu son accord pour que sa vie soit recréée de l'intérieur vers l'extérieur et de l'extérieur vers l'intérieur. Certains disent que non seulement notre pensée forme nos actes mais aussi que nos actes forment notre pensée.

Notre vie, par sa ressemblance à Dieu, démontre encore et encore que les voies de Dieu sont amour, miséricorde, pardon, justice, générosité, sacrifice, humilité et force pour le service. Notre vie doit être vécue en réponse à tout ce que le Christ a accompli — consacrée par un engagement fidèle aux commandements, à savoir aimer Dieu, autrui et nous-mêmes dans la puissance de l'Esprit. Ce que Dieu a accompli pour nous en Christ par l'Esprit est réalisé en nous. Bien sûr, plus nous sommes proches de Dieu, plus nous sommes conscients de notre immense dépendance envers l'Esprit de Dieu qui doit nous façonner, nous renouveler, nous former et nous combler afin que nous appartenions entièrement à Dieu. Par la puissance de l'Esprit, nous nous appuyons sur la présence de Dieu afin qu'il forme en nous un caractère mature et saint à l'image de Jésus.

Vers l'intérieur

La vérité sera accomplie personnellement et collectivement. Les meilleures preuves d'une vie de sainteté seront trouvées dans plusieurs dimensions tandis que nous aimons Dieu dans la louange et l'adoration et que nous prenons part personnellement aux disciplines et sacrements de l'église et vivons à l'image de la croix au quotidien. Notre renouveau intérieur est exprimé par notre amour envers autrui — ces personnes précieuses et dignes que Dieu aime et désire attirer jusqu'à la famille de Dieu, et notamment les personnes qui se trouvent dans et en dehors de la communauté des croyants, les personnes pauvres, opprimées ainsi que toute autre personne.

Dans nos rencontres avec les personnes qui sont hors de la communauté et en son sein, nous découvrons rapidement de quelles façons nous avons besoin de nous aligner avec la grâce. Rien ne met davantage au défi la sainteté que les gens et leurs façons de faire. Bien sûr, dans l'église nous devons participer à une communauté qui nous fait grandir, qui nous dit la vérité (et qui dit la vérité avec nous) — le type de communauté qui connaît si bien la grâce que celle-ci déborde jusque dans les rues et les régions qui l'entourent. Cependant, même dans ces endroits il est difficile d'affûter la sainteté. Mais lorsqu'il existe une communauté de sainteté, les vies sont (devraient être) transformées dans la joie, les communautés sont (devraient être) en mouvement, le monde voit (devrait voir) l'amour créateur et vivant de Dieu qui se déverse sur les grandes routes et sur les chemins, invitant autrui au festin.

Dans la sainteté vécue au quotidien, la vie de Dieu en nous est insufflée en nous et soufflée hors de nous dans le rythme de la prière, dans les disciplines du temps, dans le repos, dans les actes répétés d'obéissance, dans la maîtrise des paroles que nous prononçons, dans notre témoignage intérieur qui proclame la présence de Dieu à l'œuvre. Cela signifie que l'être intérieur est renouvelé — nous, le peuple de Dieu par un seul sacrifice, sommes en train d'être recréés à l'image du Christ, Fils unique de Dieu.

Au fil des rythmes et des pratiques de nos vies, nous nous rassemblons avec le peuple de Dieu, mettant à part des temps pour apprendre au sein de la communauté en tant que peuple de Dieu. Nous nous souvenons de notre baptême, nous partageons le repas du Seigneur et nous sommes renouvelés en notre esprit en tant que peuple et individus par la présence du Christ ressuscité grâce à son Esprit présent au milieu de nous. Nous festoyons ensemble. Nous donnons notre temps, notre argent, notre énergie ;

nous partageons nos enfants dans cette communauté d'amour et nous le faisons avec des cœurs ouverts, sachant que d'une manière ou d'une autre nous devenons davantage lorsque nous sommes rassemblés que lorsque nous sommes seuls. Dans nos pratiques collectives, nous nous considérons tels que nous le devrions — ni meilleurs que les autres, ni privés de pardon ou abandonnés. En nous rappelant notre pardon, nous proclamons notre joyeuse espérance dans nos amitiés et dans les lieux ordinaires où la vie nous amène. Dans l'hospitalité, nous côtoyons les personnes qui ne connaissent pas encore Jésus et nous savons que la présence de Dieu à l'œuvre nous aidera à partager des conversations savoureuses qui évoquent Jésus.

Lorsque nous reconnaissons et célébrons la grâce qui nous est donnée, nous sommes formés en tant que disciples par des gens plus sages et plus matures que nous, qui ne sont pas sans défauts ni imperfections, mais pleinement humains, qui tentent de répondre à l'appel de Dieu et sont appelés enfants et héritiers de Dieu.

Dans notre vie quotidienne, de notre lever jusqu'à notre coucher, nous recherchons la face de Dieu. De nos espaces privés où personne ne nous regarde jusqu'à nos espaces publics où nous prononçons des paroles de vie et de bénédiction à autrui, nous grandissons dans l'amour. Nos cœurs sont touchés par les souffrances qui sont manifestent autour de nous (et qui nous affectent). Mais, tout comme le Jésus que nous connaissons et aimons, nous portons le deuil pour ces vies brisées et chargées de douleur — nous voulons pleurer, puis guérir, puis donner notre vie pour autrui. Nous reconnaissons que nous ne sommes pas à la hauteur et nous le confessons, conscients de nos limites et de nos échecs, et nous sommes disposés à les reconnaître. Nous résistons à la haine sous toutes ses formes, qu'elle soit raciale ou sexuelle, aux préjugés qui transforment les personnes en ennemis et à la haine de soi. Nous résistons à la haine, au mépris, à la tentation d'ignorer ceux qui ne nous ressemblent pas et nous désirons voir comme Dieu lui-même voit : Quelles sont les couleurs que donne l'amour de Dieu aux personnes qui nous entourent ? Comment pouvons-nous proclamer la puissance de réconciliation de cet amour en forme de croix ? Comment notre vie peut-elle ressembler toujours plus à la vie du Christ ?

Vers l'extérieur

Attirés par le témoignage d'une vie entièrement vécu au service de Dieu, ce type de consécration de toute une vie est de toute beauté. Les personnes touchées par cette sainteté découvrent que celle-ci est contagieuse. Elle les attire. Elles veulent être avec ces personnes saintes parce que leur amour de la vie est évident, leur amour des gens les réchauffe, leur espérance pour autrui les inspire. Leur conviction passionnée que Dieu est pour autrui est une mesure de leur compréhension de la sainteté.

Comme Jésus, les gens dans toute leur fragilité découvrent que l'amour de Dieu s'adresse aux malades et aux pécheurs — et que, lorsque Dieu en Christ exige des actes (de ne plus pécher), ce même Dieu donne la force nécessaire pour cette obéissance et ce renouveau. De nouveaux frères et sœurs qui viennent à la foi sont adoptés dans la famille de Dieu tels qu'ils sont, et l'appel de Dieu à vivre dans la sainteté est célébré et adopté grâce à l'amour et à la grâce de Dieu qui nous rend capables, pour vivre dans l'amour et sûrs des promesses d'un Dieu puissant. Bien sûr, je sais qu'une telle sainteté est un défi et exige une coopération totale avec l'Esprit de Dieu. Ainsi, la consécration est tissée dans notre vie de sainteté, en disant encore et toujours oui aux instructions de Dieu pour nos vies : les cœurs ouverts aux corrections, les oreilles ouvertes pour l'exhortation, les esprits ouverts pour apprendre, les yeux ouverts sur l'action de la grâce.

Nous ne craignons pas de nommer le péché et l'échec, car c'est uniquement en les nommant que nous voyons que nos reniements du Christ (comme ceux de Pierre) sont vaincus par le désir de Dieu de pardonner, de renouveler, de transformer les esprits et de recevoir des sacrifices vivants. Comme le dit Marva Dawn, nous réalisons que les sacrifices vivants posent problème du fait qu'ils rampent pour descendre de l'autel et nous choisissons, par la grâce, de renouveler chaque jour notre prière afin de recevoir le pain de vie.

Ceci étant dit, nous vivons dans la célébration ! Car il y a de l'optimisme dans la grâce. Le Saint-Esprit de Dieu, le souffle de vie en nous, nous rend capables d'être alignés encore et encore avec le fil à plomb de la grâce de Dieu pour l'humanité. Nous réalisons que nous ne sommes pas condamnés à succomber à la tentation du péché et nous nous élevons suffisamment pour réaliser que la tentation en elle-même n'est pas péché. Au lieu de cela, lorsque notre vie est saturée par l'amour, nous ne laissons pas de place pour les péchés de l'orgueil, la haine, l'amertume et la cruauté. Ainsi nous sommes dynamiques, fragiles, en maturation — véritablement humains — et notre amour doit être mis en pratique de jour en jour.

Notre vie abandonnée à Dieu signifie bien davantage qu'une réponse statique et unique dans le temps. Grâce à Dieu, nous devenons toujours plus semblables au Christ lorsque nous imitons ceux qui nous ont précédés. Avec cette perspective de personnes totalement consacrées à Dieu, de vies pleines de lumière, personnellement et collectivement transformées à l'image du Christ, nous découvrons l'espérance profonde que nous donne notre foi : Jésus est Seigneur et en tant que Seigneur, il accomplit bien plus que ce que nous pourrions imaginer. Ainsi notre sainteté est dynamique, tranquille et fluide. C'est un style de vie, et la direction de notre voyage nous mène vers le point culminant du festin du Roi qui siège et partage un repas d'amour avec ses bons et fidèles serviteurs.

Questions à réfléchir et à discuter

Pensez au texte que vous avez lu dans le chapitre 10 et répondez aux questions suivantes. Utilisez des références bibliques lorsque c'est possible afin d'étayer vos réponses.

1. Quel est le sens des mots sainteté et sanctification pour vous ?
2. À votre avis, que signifie être entièrement dévoué à Dieu ?
3. Que représente notre abandon total au Seigneur comparé au don de Dieu qui a donné son Fils pour notre salut ?
4. Pourquoi notre participation à l'amour de Dieu est-elle sans fin ?
5. Quelle mise en pratique pouvez-vous trouver pour illustrer l'amour de Dieu qui donne la lumière et la vie ?
6. Pourquoi le fait d'être de tout son cœur consacré à Dieu est-il essentiel pour le don de l'entière sanctification offert par Dieu ?
7. Comment l'amour de Dieu pour nous nous rend-il davantage semblable à Christ dans l'amour, la miséricorde, le pardon, la justice, la générosité, le sacrifice, l'humilité et la force pour le service ?

8. Comment comptons-nous sur la présence de Dieu de façon à permettre à Dieu de former en nous un caractère saint et mature pour ressembler à Jésus ?
9. Pourquoi disons-nous que l'entière sanctification est un don de Dieu ?
10. Quels sont les sacrements et disciplines spirituelles de l'église que Dieu utilise pour nous rendre davantage semblables au Christ ?
11. Pourquoi est-il important d'aimer les personnes au sein de la communauté des croyants et au-delà pour l'action sanctificatrice de Dieu dans nos cœurs ?
12. Pourquoi est-il parfois difficile de faire preuve d'un tel amour ?
13. Comment célébrons-nous les dons de la grâce de Dieu au sein de la communauté des croyants ?
14. Pourquoi est-il important pour les personnes du mouvement de la sainteté de reconnaître qu'elles ne sont pas toujours à la hauteur, de le confesser et de demeurer conscientes de leurs limites et échecs ?
15. En quelle mesure la consécration complète envers Dieu est-elle contagieuse ?
16. Pourquoi Dieu appelle-t-il son peuple saint à agir pour toucher les personnes perdues et qui se trouvent dans le besoin ?
17. Pourquoi le renouvellement quotidien de notre engagement total envers Dieu est-il un élément nécessaire de la croissance dans la grâce ?
18. Comment la vie de sanctification nous permet-elle de résister à la tentation du péché ?
19. Comment l'amour de Dieu œuvre-t-il en nous pour expulser le péché de nos cœurs et de nos vies ?
20. De quelles manières l'œuvre de sanctification de Dieu nous rend-elle davantage semblable au Christ ?

ÊTRE L'ÉGLISE
par Mónica Mastronardi de Fernández

Mónica Mastronardi de Fernández est vice-présidente chargée du développement institutionnel du Seminario Nazareno de las Américas au Costa Rica.

XI. L'Église

Nous croyons en l'Église, la communauté qui confesse Jésus-Christ comme Seigneur, le peuple de l'alliance de Dieu rendu nouveau en Christ et le corps de Christ rassemblé par le Saint-Esprit au moyen de la Parole.

Dieu appelle l'Église à exprimer sa vie dans l'unité et la communion de l'Esprit ; dans l'adoration par la prédication de la Parole, l'observance des sacrements et le ministère en son nom ; par l'obéissance à Christ, la vie de sainteté et la responsabilité mutuelle.

La mission de l'Église dans le monde est de participer au ministère de rédemption et de réconciliation de Christ dans la puissance de l'Esprit. L'Église accomplit sa mission en faisant des disciples par l'évangélisation, l'éducation, les actes de compassion, l'engagement pour la justice sociale et le témoignage du Royaume de Dieu.

L'Église est une réalité historique qui s'organise selon les divers contextes culturels ; elle existe à la fois comme assemblée locale et en tant que corps universel, aussi elle met à part des personnes appelées par Dieu pour des ministères spécifiques. Dieu appelle l'Église à vivre sous son règne dans l'attente de la fin de toutes choses et du retour de notre Seigneur Jésus-Christ.

(Exode 19.3 ; Jérémie 31.33 ; Matthieu 8.11 ; 10.7 ; 16.13-19, 24 ; 18.15-20 ; 28.19-20 ; Jean 17.14-26 ; 20.21-23 ; Actes 1.7-8 ; 2.32-47 ; 6.1-2 ; 13.1 ; 14.23 ; Romains 2.28-29 ; 4.16 ; 10.9-15 ; 11.13-32 ; 12.1-8 ; 15.1-3 ; I Corinthiens 3.5-9 ; 7.17 ; 11.1, 17-33 ; 12.3, 12-31 ; 14.26-40 ; 2 Corinthiens 5.11-6.1 ; Galates 5.6, 13-14 ; 6.1-5, 15 ; Éphésiens 4.1-17 ; 5.25-27 ;

Philippiens 2.1-16 ; I Thessaloniciens 4.1-12 ; I Timothée 4.13 ; Hébreux 10.19-25 ; I Pierre 1.1-2, 13 ; 2.4-12, 21 ; 4.1-2, 10-11 ; I Jean 4.17 ; Jude 24 ; Apocalypse 5.9-10)

Les sports extrêmes sont très populaires. Nous cherchons à échapper à notre routine en faisant des expériences qui nous mettent au défi, comme par exemple nager avec des requins ou piloter un avion de combat. Les gens détestent s'ennuyer.

Bien que l'appel de l'église ne consiste pas à organiser des sauts à l'élastique ou des stages de survie dans la jungle, faire partie d'une « communauté qui confesse que Jésus-Christ est Seigneur » devrait néanmoins être tout sauf ennuyeuse. En effet, faire partie d'une église devrait être une expérience pleine de vie, d'enthousiasme et de défis pour tous les disciples de Jésus-Christ.

L'église a un seul Seigneur

Même si certains peuvent se méfier de l'institution humaine que nous appelons l'église, nous devons reconnaître que l'origine, la nature et le but de l'église ne sont pas humains. La Bible nous présente une église vivante, incarnée dans l'histoire, suivant fidèlement l'exemple du Seigneur et dans l'action pour transformer le monde. L'église a été conçue par Dieu ; Dieu est son créateur. Comme l'enseigne Paul en Éphésiens 5.25, Jésus-Christ a payé le prix pour que l'église s'établisse et se développe en ce monde. Le Saint-Esprit est le bâtisseur de l'église, donnant les matériaux (les nouveaux croyants, le leadership, les dons) pour aider cet édifice à grandir et se développer jusqu'au plein potentiel de ses capacités, réalisant ainsi le but pour lequel elle a été conçue (Actes 1.8).

Nous croyons en une église qui, comme son Seigneur, utilise les armes de la foi, la paix, la vérité, la justice et la proclamation du message de l'espérance pour détruire les puissances du mal (Éphésiens 6.14-17). Cependant, l'église paie un prix élevé pour l'avancement de l'Évangile. À travers le monde, des personnes sont tuées chaque jour du seul fait qu'elles sont chrétiennes. À l'heure actuelle, des chrétiens sont persécutés, emprisonnés, torturés ou tués dans plus de soixante pays parce qu'ils suivent fidèlement Jésus-Christ. Le monde rejette l'église parce qu'elle revêt l'armure de Dieu (Éphésiens 6.10-13), qu'elle ne se prosterne pas devant les puissances de ce monde et ne recule pas devant les forces spirituelles du mal. Elle est formée par ceux qui appartiennent à Dieu, sont nés de l'Esprit (Jean 3.6) et vivent selon les lois et les valeurs du royaume de Dieu, refusant de négocier ou d'assimiler les coutumes pécheresse de la société mais choisissant plutôt de vivre dans la sainteté (Éphésiens 5.27) et l'obéissance au Christ. Comme l'enseigne le Christ en Matthieu 5.13-16, l'église est lumière et sel.

L'église aime

Les chrétiens doivent premièrement aimer le Seigneur et deuxièmement aimer la famille de Dieu car aimer Dieu de tout notre cœur signifie que nous nous consacrons à la mission et à la famille de Dieu, qui deviennent les nôtres. Aimer l'église signifie que nous nous joignons à elle.

L'église « exprime sa vie dans l'unité » et cette communion, amenée par le Saint-Esprit, peut facilement être brisée si nous ne prenons pas soin de la nourrir. Pour que l'église vive dans l'unité, nous devons éliminer toutes les attitudes, paroles ou conduites qui blessent les autres et, au lieu de cela, nous devons activement faire preuve d'amour dans nos relations et encourager autrui par des conversations positives. Rien ne fait plus de dégâts dans l'église que les chrétiens qui se plaignent d'autrui ou qui parlent de façon négative de leurs frères et sœurs et de leurs responsables. Bien qu'il y ait toujours des difficultés et des relations à améliorer dans nos églises locales ainsi qu'à d'autres niveaux de la dénomination, se plaindre ne résout rien. Le changement n'est possible que lorsque nous prions en plaçant ces situations dans les mains du Seigneur et, lorsqu'il nous guide, nous nous engageons de manière positive et active pour contribuer à la solution.

Dieu a conçu l'église comme un lieu de communion, où les blessures sont guéries et où nous grandissons continuellement dans la connaissance et l'amour de Dieu et d'autrui. Cette unité est exprimée de multiples façons, comme nous le voyons en Hébreux 10.24-25 : il nous faut prier ensemble, intercéder les uns pour les autres, manger ensemble, apprécier les moments passés ensemble, prendre part aux sacrements, partager nos expériences et nos luttes, nous encourager mutuellement, nous conseiller les uns les autres, nous réconforter et nous édifier les uns les autres dans la Parole.

L'amour de Dieu unifie l'église et remplit la vie de ses enfants, qui sont alors remplis du Saint-Esprit. L'Esprit nous enseigne comment aimer Dieu et notre prochain avec un amour qui est impossible à atteindre sans sa grâce : un amour extrême et illimité (voir Matthieu 18.15-22).

L'église répand la vie

Tout comme l'a fait Jésus, l'église est appelée à donner sa vie, à se sacrifier afin que les personnes et les familles viennent au salut et soient restaurées pour connaître une vie abondante en Jésus-Christ. L'église, par la proclamation de la parole de vérité, dévoile les puissances du mal qui sont cachées dans les structures de l'injustice et de l'oppression. Elle n'ignore pas les souffrances et se tient debout pour défendre, luttant pour restaurer toute la création, en particulier les plus faibles et ceux qui sont ignorés dans ce monde. Chaque jour, l'église lutte pour réduire la pauvreté, l'ignorance, la maladie et toutes sortes de souffrances et d'injustices.

Pour ceux qui ont grandi dans une famille chrétienne, l'église n'est pas un simple groupe, mais une extension de notre famille. Nous avons là nos grands-parents, tantes, cousins, parents et frères et sœurs dans la foi qui nous aiment et qui veulent notre bien. Cependant, grâce à Dieu, ce n'est pas vrai uniquement pour ceux qui ont grandi dans l'église ; toute personne peut connaître l'église en tant que famille.

Récemment lors d'un culte de baptême à Barrio Los Angeles à San José au Costa Rica, les candidats au baptême ont partagé des témoignages qui ont touché toute l'assemblée. Un jeune homme de dix-neuf ans, qui était arrivé dans l'église un an auparavant, a parlé de la solitude qu'il avait vécu depuis son enfance et des agressions verbales subies de la part de son beau-père. Retenant ses larmes, il raconta que lorsqu'il était arrivé dans l'église, il s'était senti aimé et accepté pour la première fois de sa vie. Dans la famille de l'église, il a trouvé un amour qu'il avait toujours désiré. Ensuite, une femme plus âgée raconta que toute sa vie, elle avait cherché à être aimée et acceptée. Ses mauvaises décisions la conduisirent vers une vie de péché et de vice, mais son histoire avait complètement changé depuis qu'elle était arrivée dans l'église. Là, elle a trouvé l'amour, a été acceptée, et grâce à l'enseignement sur la vie du disciple, elle a trouvé des conseils pour rediriger sa vie et suivre Jésus-Christ. En un an, sa situation avait complètement changé et elle rêve désormais de se former et d'utiliser ses dons pour amener d'autres femmes jusqu'au Christ.

Nos vies, nos histoires sont une progression d'expériences. Certaines sont inattendues, mais la plupart de ces expériences sont le produit de nos choix. La décision de se joindre à l'église de Jésus-Christ est l'une des décisions les plus importantes et essentielles qu'une personne puisse prendre. C'est une décision extrême qui transforme pour toujours la vie d'une personne, lui donnant un nouveau but et une nouvelle direction.

Vivre l'expérience extrême qui consiste à être l'église

Pour vivre l'expérience extrême qui consiste à être l'église, nous devons participer à l'action de Dieu dans le monde pour transformer la vie de chaque enfant, chaque jeune, chaque adulte et chaque personne âgée pour l'éternité. Prendre part à la mission de Dieu est une dynamique de vie qui est le plus grand défi que l'on puisse nous proposer.

Aujourd'hui, de nombreux chrétiens doivent changer leur manière de voir l'église. Dieu n'a pas créé l'église pour qu'elle soit une activité supplémentaire de nos vies, mais plutôt pour que nous prenions part avec enthousiasme à des expériences de transformation. Le moment où une personne accepte le Christ comme Sauveur est un bel événement, mais ce n'est pas la seule expérience passionnante que Dieu a préparé pour ses enfants. La vie chrétienne ne devrait pas être une routine ennuyeuse. Lorsque nous regardons la vie de Jésus et des chrétiens de l'église primitive, ou lorsque nous lisons les biographies des grands chrétiens qui nous ont précédés, nous pouvons dire que leur vie était loin d'être ennuyeuse. Leur vie était pleine d'action et animée par une raison d'être.

Toute personne qui fait partie de l'église du Seigneur partage la même vocation : « œuvrer pour la justice et porter témoignage du royaume de Dieu » dans ce monde, promouvoir le royaume de Dieu au milieu de nous, faire briller la lumière dans les ténèbres, risquer la différence, vivre dans la sainteté et à l'image du Christ dans une société qui sombre toujours plus profondément dans le péché, et qui connaît de moins en moins Dieu. C'est notre grand défi.

Est-il possible de changer le monde ? Oui, mais nous devons nous engager de tout notre être à œuvrer ensemble en tant qu'église. Premièrement, nous devons invoquer le Seigneur constamment et avec passion dans la prière pour notre famille, nos amis et nos connaissances qui ne suivent pas le Seigneur. Deuxièmement, nous devons ouvrir nos cœurs en tissant des amitiés avec des personnes non croyantes, partager le Christ avec eux et leur enseigner comment vivre une vie de sainteté en tant que disciples de Jésus. Troisièmement, notre tâche est de les former et de les intégrer au ministère de l'église afin qu'ils puissent à leur tour devenir agents de changement dans leur contexte.

L'église a été conçue pour être le corps de Christ (Éphésiens 5.23). L'appel du Seigneur est clair : Dieu ne peut utiliser l'église qu'à la condition qu'elle s'abandonne complètement à sa parfaite volonté (Romains 12.1 ; Éphésiens 5.2). Dieu appelle chacun à servir dans un lieu spécifique, à la fois dans l'église et dans le monde, en utilisant de façon créative les dons, les compétences, les ressources financières et le temps qu'il nous donne. Le meilleur moyen de combattre la routine et l'ennui est d'identifier nos dons puis de les perfectionner et de les utiliser — et ce faisant, nous ne nous ennuierons jamais.

Servir le Seigneur nous donne une vie pleine d'attentes et d'expériences passionnantes et surprenantes. Nous sommes appelés à vivre l'expérience extrême qui consiste à être activement engagé dans l'église du Christ. Le Seigneur nous invite à prendre part à son merveilleux plan, un projet dans lequel nous pouvons constamment grandir et progresser, où nous pouvons repousser nos limites et redonner à Dieu toutes les bonnes choses que le créateur a placées en nous. C'est un projet qui ne prendra pas fin avec nos vies, mais qui demeurera pour l'éternité en chaque personne qui est sauvée des chaînes du péché. Ne soyons pas de simples spectateurs. Au lieu de cela, travaillons ensemble en tant qu'église pour vivre cette expérience extrême qui consiste à prendre part à la transformation que Jésus amène dans le monde.

Questions à réfléchir et à discuter

Pensez au texte que vous avez lu dans le chapitre 11 et répondez aux questions suivantes. Utilisez des références bibliques lorsque c'est possible afin d'étayer vos réponses.

1. Quelle est votre définition de l'église ?

2. En quel sens notre participation à l'église est-elle comparable à une participation à un sport extrême ?
3. Pourquoi Dieu a-t-il donné l'église pour les croyants et pour le monde ?
4. De quelles manières le Saint-Esprit donne-t-il tout ce dont l'église a besoin pour réaliser les buts de Dieu dans le monde ?
5. Pourquoi les dirigeants et les organisations du monde rejettent-ils et persécutent-ils l'église ?
6. Que veut dire Jésus lorsqu'il affirme que ses disciples doivent être le sel et la lumière de notre monde ?
7. Comment les croyants peuvent-ils tomber dans la désunion les uns envers les autres ?
8. Pourquoi les croyants doivent-ils maintenir leur unité ?
9. Comment les membres de l'église donnent-ils leur vie pour la mission du Christ ?
10. Donnez un exemple de membres de l'église qui s'opposent aux structures de l'injustice et de l'oppression ?
11. Donnez un exemple de membres de l'église qui agissent pour minimiser la pauvreté, l'ignorance, la maladie ou la souffrance ?
12. De quelles manières l'église est-elle une famille au sens large pour tous ceux qui y participent ?
13. En quelle mesure est-ce une décision extrême de choisir de se joindre à l'église ?
14. De quelles façons pratiques participons-nous à la mission de Dieu envers les personnes de ce monde ?
15. Donnez un exemple dans lequel l'église porte témoignage du royaume de Dieu.
16. Comment Dieu transforme-t-il le monde par l'action de l'église ?
17. Pourquoi Dieu demande-t-il aux croyants de lui consacrer les dons et les capacités qu'il leur a donnés ?

18. Quelle a été votre expérience personnelle concernant votre participation à la vie de l'église ?
19. Comment votre conception de l'église s'est-elle développée au fil du temps ?
20. Que pourriez-vous faire de plus pour vous engager plus pleinement dans la mission de Dieu envers le monde ?

UN ENGAGEMENT SYMBOLIQUE, UN MOYEN DE GRÂCE

par Donghwan (Bill) Kwon

Donghwan (Bill) Kwon est un missionnaire coréen et président du Southeast Asia Nazarene Bible College ainsi que coordinateur national et surintendant du district de Birmanie.

XII. Le baptême

Nous croyons que le baptême chrétien, ordonné par notre Seigneur, est un sacrement qui signifie que nous acceptons les bénédictions découlant de l'expiation de Jésus-Christ. Il est administré aux croyants sur la déclaration de leur foi en Jésus-Christ comme Sauveur et de leur plein engagement à obéir dans la sainteté et la justice.

Le baptême étant un symbole de la nouvelle alliance, les jeunes enfants peuvent être baptisés à la requête des parents ou tuteurs qui s'engageront à leur donner la formation chrétienne nécessaire.

Le baptême peut être administré par aspersion, par versement ou par immersion, selon le choix du candidat.

(Matthieu 3.1-7; 28.16-20; Actes 2.37-41; 8.35-39; 10.44-48; 16.29-34; 19.1-6; Romains 6.3-4; Galates 3.26-28; Colossiens 2.12; 1 Pierre 3.18 22)

Dans l'église des Philippines, la cérémonie du baptême est souvent liée aux sorties annuelles de l'église. Dans cette partie de la région, les chrétiens préfèrent généralement les cérémonies par immersion totale, mais la majorité des églises n'ont pas de baptistère. Ainsi, ils vont généralement dans des piscines pour une cérémonie exceptionnelle de baptême, qui a lieu le plus souvent le dimanche. Les participants peuvent alors être baptisés après un culte célébré près de la piscine. Les membres apportent des plats pour partager un repas ensemble. En tant que missionnaire coréen, je trouvais ce culte de baptême dominical à la piscine intéressant. En effet, ceci pourrait être une version philippine du récit d'Actes 2.42-47 durant lequel les croyants adorent Dieu, sont dans la communion, rompent le pain et prient ensemble.

Le Seigneur appelle Billy

C'était le premier dimanche de baptême de l'église chrétienne Rivière de vie, qui était implantée dans l'un des bidonvilles des Philippines appelé Rowenas. Lors de la préparation des formations au baptême, nous étions émerveillés d'avoir cinquante-huit candidats au baptême dans notre première année. Ce jour-là, il fallut presque deux heures pour les baptiser. Les candidats attendaient sur le côté de la piscine, dans un esprit de prière. Lorsqu'ils entraient dans l'eau, nous leur demandions s'ils avaient l'assurance de leur salut par Christ. Lorsque le candidat répondait par l'affirmative, nous immergions chacun pendant un moment. Les membres de l'église applaudissaient avec grand bruit jusqu'à ce que le candidat suivant soit appelé.

Avec cinquante-huit candidats qui attendaient en file indienne, ce fut finalement cinquante-neuf personnes qui furent baptisées. Un jeune homme du nom de Billy arriva au bord de la piscine juste après que le dernier candidat, le cinquante-huitième, ait été immergé. Billy supposait qu'il s'agissait d'une simple sortie de natation à la piscine avec les jeunes de l'église. Lorsqu'il arriva, Jackson Natividad, le pasteur de l'église locale, lui proposa de se faire baptiser. Après un moment de légère hésitation, Billy donna son accord pour être baptisé. Durant les quelques secondes de son baptême, le Saint-Esprit toucha Billy de manière puissante. Lorsqu'il sortit de l'eau, il ne pouvait pas s'arrêter de pleurer et de trembler. Je le pris dans mes bras et je priai pour lui car je ressentais l'œuvre puissante de l'Esprit dans son cœur. Par la suite, il partagea son témoignage :

Alors que je marchais vers le pasteur, je ne sais pas pourquoi mais les larmes ont commencé à couler. J'ai eu comme une vision de ce que je venais de faire. J'étais immergé sous l'eau et quand je suis sorti de l'eau, mes larmes coulaient à nouveau. Après cela, je me suis senti très léger. J'ai senti qu'une personne me prenait dans ses bras. J'ai dit au Seigneur : « Seigneur, tu m'as montré quelle sorte de personne je suis. Est-ce la personne que je suis censé être ? » Après avoir fait l'expérience de la puissance du Seigneur, j'ai remarqué que j'ai commencé à éviter mes vices. Maintenant, je passe plus de temps à l'église. Mon désir est que Dieu continue à me transformer. Je prie aussi qu'il m'utilise avec puissance pour son royaume.

En Actes 10, l'apôtre Pierre est témoin d'expériences semblables. Après un rêve inhabituel, Pierre est invité par Cornélius, le centurion romain, à lui rendre visite dans sa maison. Sans comprendre tout ce qui est en train de se passer, il suit les instructions du Saint-Esprit. Pierre a fait l'expérience de l'œuvre puissante du Saint-Esprit alors qu'il prêchait. C'était une œuvre inimaginable aux yeux d'un apôtre juif — de se trouver au milieu des non Juifs. Comme le dira Pierre : « Peut-on refuser l'eau du baptême à ceux [non Juifs] qui ont reçu le Saint-Esprit aussi bien que nous ? » (v. 47)

L'œuvre du Saint-Esprit

Grâce à Billy, j'ai appris que le baptême a deux natures essentielles. Le baptême des croyants est accompli par l'œuvre authentique du Saint-Esprit qui est démontrée par la vie transformée du croyant — le fruit du baptême. La cérémonie de baptême en elle-même peut être une forme de rituel qui témoigne de leur salut. Néanmoins, c'est le Saint-Esprit qui pénètre et transforme les croyants qui s'engagent à vivre en véritables disciples qui suivent le Christ. Lorsque l'Esprit a touché Billy, sa vie a radicalement changé. Toutes les personnes qui le connaissaient pouvaient témoigner du fait qu'il était devenu une personne nouvelle. La mère de Billy, elle-même une femme de prière, était débordante de joie du fait du baptême et de l'authentique transformation de son fils.

Aujourd'hui, Billy va de maison en maison dans le quartier de Rowenas pour partager la Bonne Nouvelle avec ses voisins. Il conduit désormais un petit groupe de discipulat composé de jeunes hommes et de jeunes femmes de la ville. Il est activement engagé dans le ministère d'évangélisation d'une ville voisine. Je sais qu'il y aura parfois des difficultés dans la vie de Billy, mais je suis certain que le Saint-Esprit qui le remplit continuera à l'accompagner et à le guider.

Des méthodes différentes, un même Esprit

Dans l'église internationale, je vois différentes méthodes utilisées lors des cérémonies de baptême, mais l'essence du baptême du croyant se trouve uniquement dans l'œuvre du Saint-Esprit. Le fait que le Saint-Esprit entre dans les cœurs qui sont en recherche spirituelle dépasse notre entendement. Mais cette présence est évidente dans la vie des croyants, comme c'est le cas pour Billy. Dans notre champ missionnaire, nous sommes heureux d'entendre et d'être témoins que, chaque année, de nombreuses personnes viennent à la foi en Jésus-Christ et sont baptisées.

Certains parents choisissent de faire baptiser leurs bébés, demandant l'onction du Saint-Esprit sur leur engagement à élever leurs enfants dans la piété. L'Église du Nazaréen a toujours reconnu le baptême des bébés comme symbole des intentions des parents ou tuteurs d'élever leurs enfants dans l'église de Dieu et de leur espérance de voir leurs enfants choisir la voie de Dieu lorsqu'ils seront plus âgés. Comme l'indique le Manuel : le baptême est « … un signe et un sceau de l'acceptation de Dieu dans la communauté de la foi chrétienne sur la base de sa grâce prévenante. Il anticipe la confession de foi personnelle en Jésus-Christ. »

Nous sommes heureux de reconnaître et de proclamer le baptême, non pas comme un événement singulier, mais en tant qu'engagement symbolique qui invite le Saint-Esprit à œuvrer de façon visible et continue dans la vie quotidienne de tous les croyants.

Questions à réfléchir et à discuter

Pensez au texte que vous avez lu dans le chapitre 12 et répondez aux questions suivantes. Utilisez des références bibliques lorsque c'est possible afin d'étayer vos réponses.

1. Quelle est votre conception du sens du baptême chrétien ?
2. Quelles questions vous a-t-on posées sur le baptême chrétien ?
3. De nombreuses traditions chrétiennes, notamment l'Église du Nazaréen, reconnaissent le baptême comme un sacrement. Quel sens cela a-t-il pour vous ?
4. Que voulons nous dire quand nous parlons du baptême en tant que « moyen de grâce » ?
5. Pourquoi certains croyants réagissent-ils à leur baptême sur le plan des émotions, comme c'est le cas pour Billy dans ce chapitre ?

6. Bien que les croyants décident de se présenter comme candidats au baptême, le véritable sens du baptême est l'œuvre du Saint-Esprit. Comment cela se fait-il ?

7. Comment expliquez-vous la transformation par Dieu de la vie des croyants après leur conversion et leur baptême ?

8. Comment décrivez-vous l'œuvre continue du Saint-Esprit dans la vie des croyants après le baptême ?

9. Pourquoi attend-on des croyants qu'ils montrent le fruit d'une vie transformée ?

10. Pourquoi l'Église du Nazaréen ne fixe-t-elle pas un mode spécifique d'administration du baptême ?

11. Croyez-vous qu'un mode de baptême est plus efficace qu'un autre ? Pourquoi ou pourquoi pas ?

12. Quelle est la signification du baptême des bébés ou des jeunes enfants que reconnaît l'Église du Nazaréen ainsi que d'autres traditions chrétiennes ?

13. Quelle est la responsabilité des parents ou tuteurs qui présentent un bébé ou un jeune enfant pour être baptisé ?

14. Quelle est la responsabilité de la communauté locale des croyants lorsqu'un bébé ou un jeune enfant est baptisé ?

15. Quelle différence y a-t-il entre le baptême et la présentation d'un bébé ?

16. Comment se fait-il que le baptême ne soit pas un événement singulier, comme l'explique l'auteur dans ce chapitre ?

17. À votre avis, pour quelles raisons certains chrétiens ne se portent-ils pas candidats pour être baptisés ?

18. Comment vous y prendriez-vous pour encourager un croyant non baptisé à envisager ce moyen de grâce ?

 VENEZ À LA TABLE
par Anna Muller

Anna Muller (son nom a été modifié) est missionnaire nazaréenne et universitaire. Son nom a été modifié pour des raisons de sécurité.

XIII. La sainte cène

Nous croyons que la sainte cène, instituée par notre Seigneur et Sauveur Jésus-Christ, est essentiellement un sacrement du Nouveau Testament qui déclare sa mort sacrificatoire. Par les mérites de son sacrifice les croyants ont la vie, le salut et la promesse de toutes les bénédictions spirituelles en Christ. Ce sacrement est uniquement pour ceux qui se sont préparés à une appréciation respectueuse de sa signification et, par ceci, annoncent la mort du Seigneur jusqu'à ce qu'il revienne. Étant le repas du Seigneur, seuls ceux qui croient en lui et qui ont de l'amour pour les saints devraient être invités à y participer.

(Exode 12.1-14; Matthieu 26.26-29; Marc 14.22-25; Luc 22.17-20; Jean 6.28-58; I Corinthiens 10.14-21; 11.23-32)

Quand j'étais enfant, toute ma famille se rassemblait autour d'une même table pour célébrer le Nouvel An lunaire. C'était l'une des fêtes les plus importantes de notre culture qui nous apportait beaucoup de joie et de bons moments. Nous avions ce grand sentiment d'espoir pour la nouvelle année. Ce soir-là, chaque personne qui se trouvait à cette table était traitée comme un membre de la famille; que l'on se connaisse depuis longtemps ou non n'avait pas d'importance.

Un dîner avec le Créateur

L'image de la table est chaleureuse dans de nombreux pays et cultures du monde. Être à la même table et partager un repas signifie énormément pour notre identité relationnelle et sociale. Pouvez-vous imaginer que vous vous trouvez à la table du Seigneur « au festin des noces de l'Agneau » (Apocalypse 19.9), mangeant et buvant avec lui, le Créateur de l'univers ?! Nous apprécierons une communion passionnante et chaleureuse avec tous les saints du monde entier et de toutes les époques. Plus important encore, nous jouirons de notre identité en tant qu'invités d'honneur de notre Seigneur Jésus. Cette pensée nous encourage dans l'attente de la venue de ce jour.

Jésus a parlé de ce grand festin durant son ministère terrestre (Matthieu 26.29) mais il a aussi préparé une table pour que nous soyons en communion dans sa présence pendant que nous sommes toujours sur cette terre. Nous appelons cela la sainte cène. Alors que la fin de sa mission sur terre était proche, avant sa crucifixion et sa résurrection, Jésus rassembla ses disciples pour célébrer le repas de la Pâque. Ce soir-là, il institua la sainte cène comme cela nous est relaté en Luc 22.14-20 :

> *L'heure étant venue, il se mit à table, et les apôtres avec lui. Il leur dit : J'ai désiré vivement manger cette Pâque avec vous, avant de souffrir ; car, je vous le dis, je ne la mangerai plus, jusqu'à ce qu'elle soit accomplie dans le royaume de Dieu.*
>
> *Et, ayant pris une coupe et rendu grâces, il dit : Prenez cette coupe, et distribuez-la entre vous ; car, je vous le dis, je ne boirai plus désormais du fruit de la vigne, jusqu'à ce que le royaume de Dieu soit venu.*
>
> *Ensuite il prit du pain ; et, après avoir rendu grâces, il le rompit, et le leur donna, en disant : Ceci est mon corps, qui est donné pour vous ; faites ceci en mémoire de moi.*
>
> *Il prit de même la coupe, après le souper, et la leur donna, en disant : Cette coupe est la nouvelle alliance en mon sang, qui est répandu pour vous.*

Faire le lien entre deux repas

Ce sacrement porte de nombreux noms différents. Les plus fréquents sont la sainte cène, le repas du Seigneur, la communion, l'eucharistie, la table du Seigneur et rompre le pain. Dans l'église primitive, la sainte cène et les repas d'agapes étaient célébrés ensemble. Au fil du temps, la sainte cène fut séparée des repas d'agapes et devint de moins en moins un véritable repas. Ce sacrement fait le lien entre deux événements : le repas de la Pâque que Jésus partagea avec ses disciples et le futur festin des noces de l'Agneau.

La table du Seigneur est un moyen de grâce institué, une façon bénie pour Dieu de répandre sa miséricorde et sa grâce sur son peuple. Dans son livre Outward Sign and Inward Grace (Signe extérieur et grâce intérieure), Rob Staples écrit que si nous appelons le baptême « le sacrement de l'initiation », la sainte cène devrait être appelée « le sacrement de la sanctification ». C'est un moyen de grâce qui a pour but de promouvoir la sainteté.

Faire l'expérience de sa présence

Lors de la sainte cène, nous faisons l'expérience de la présence du Christ. Cette présence ne réside pas en son humanité mais en sa divinité, une présence spirituelle plutôt que corporelle. La présence objective du Christ dans la cène est la présence d'une personne vivante et agissante qui est à l'œuvre par les éléments. Nous disons qu'elle est réelle car c'est une « présence vivante ».

Thomas Oden écrit : « La sainte cène est un mode de confession. En prenant part à la sainte cène, nous confessons sa présence vivante et sa seigneurie. Par ces moyens qu'il a choisis, l'église est appelée à confesser le Christ régulièrement jusqu'au jugement dernier ».

Chaque année, dans l'attente du dîner de veille du Nouvel An, la joie et l'espoir dans cette démarche devenaient de plus en plus intense au fur et à mesure que la date approchait. Lorsque je participe à la sainte cène, je me rappelle que le Seigneur est toujours avec nous et que le moment où je prendrai place au grand festin avec lui à la fin des temps se rapproche de plus en plus. Non seulement la sainte cène annonce la beauté solennelle du Christ, notre Agneau, et de ce qu'il a accompli pour nous, mais elle inclut également la communion chaleureuse de la famille de Dieu, et ce que signifie être appelés enfants de Dieu. De cette table se déverse la grâce de Dieu. Elle nous rappelle que, avant même que nous ne connaissions Jésus et son salut, son Saint-Esprit était à l'œuvre dans nos vies. Il s'approche de tout être humain dans ce monde par sa grâce incomparable. Sans le sacrifice de l'Agneau, aucun d'entre nous ne serait sauvé. Le péché nous séparait de Dieu. Nous ne pouvons pas nous sauver nous-mêmes de cette servitude.

Une reconnaissance débordante

Le salut vient uniquement par la foi au Fils de Dieu — « l'agneau qui a été immolé dès la fondation du monde » (Apocalypse 13.8). Cette grâce est si merveilleuse et indescriptible que nos cœurs débordent de reconnaissance envers notre Père céleste de nous avoir donné son seul et unique Fils. C'est pourquoi nous disons que la grâce se déverse de cette table ; la reconnaissance déborde envers notre Dieu pour sa grâce.

La table nous rappelle aussi l'amour de Dieu. Jésus a dit : « Ceci est mon corps, qui est donné pour vous » et « mon sang, qui est répandu pour vous » (Luc 22.19, 20). Christ est mort pour nous alors que nous étions pécheurs. Avant d'atteindre un certain âge qui nous permet de prendre conscience de nous-mêmes, nous ne comprenons pas pleinement ce qu'est le péché et combien nous sommes faibles et fragiles face à la tentation. Grâce à notre maturation et notre croissance dans la foi, nous pouvons pleinement comprendre combien la précieuse grâce rédemptrice de Dieu dans nos vies est extraordinaire. Il a sacrifié son seul et unique Fils afin que nous puissions être appelés ses enfants et hériter des bénédictions et de l'espérance qui viennent de lui. Lorsque nous rompons un morceau de pain, cela nous rappelle Celui qui a été rompu afin que nous soyons réconciliés à notre Dieu. Lorsque nous versons le jus, celui-ci nous rappelle Celui qui a versé son sang pour que nous soyons pardonnés et vivants pour toujours. Jésus a dit : « Celui qui me mange vivra par moi » (Jean 6.57b). « Faites ceci en mémoire de moi » (Luc 22.19c). Si nous aimons véritablement Jésus, nous obéirons à ses commandements. Nous nous souvenons de lui, non seulement dans notre mémoire, mais aussi dans un souvenir bien plus profond et intime de chaque rencontre avec lui, qui ravive à nouveau ce premier amour dans nos cœurs. C'est ici la « mémoire » que Jésus désire.

L'espérance ultime

Cette table nous donne l'espérance ultime de tous les croyants. Nous avons été créés par Jésus et pour lui. Il n'a jamais voulu que nous vivions séparés de celui qui donne la vie. Lorsque nous nous rassemblons autour de la table, nous réalisons notre véritable identité et notre raison d'être ici sur cette terre. Nous n'appartenons ni à nous-mêmes ni au monde ; nous sommes « un sacerdoce royal, une nation sainte » (1 Pierre 2.9). Cette identité nous apporte une espérance plus grande.

Parfois nous perdons de vue l'essentiel et nous devenons distraits par les préoccupations de ce monde. Souvenons-nous que nous nous préparons pour le festin des noces de l'Agneau. L'espérance de trouver le repos avec Jésus pour toujours nous donne la lumière dans l'obscurité de la nuit. Cela nous rappelle aussi sa promesse qu'il reviendra pour nous amener à la maison. « Je vous le dis, je ne boirai plus désormais de ce fruit de la vigne, jusqu'au jour où j'en boirai du nouveau avec vous dans le royaume de mon Père » (Matthieu 26.29).

Tous les croyants liés les uns avec les autres

Cette table nous lie également à tous les croyants, ensemble dans l'amour du Christ. La nuit où il a institué la sainte cène, Jésus a commandé à ses disciples de s'aimer les uns les autres tout comme il les avait aimés. Le Créateur de l'univers s'est abaissé lui-même pour laver les pieds de ses créatures afin qu'ils apprennent ce que signifie s'aimer les uns les autres. Lorsque nous venons à la table, nous nous souvenons que nous sommes pécheurs ; personne n'est meilleur qu'un autre. Personne ne mérite la grâce de Dieu. En conséquence, personne ne devrait mépriser les autres pour quelque raison que ce soit. Nous devrions demander au Seigneur de continuellement nous donner la perspective du ciel afin que nous puissions aimer sans conditions, à l'image de notre Seigneur Jésus. En tant qu'êtres humains, nous ne sommes pas parfaits dans nos actes, mais nous pouvons être rendus parfaits dans l'amour du Christ. Jésus nous a rappelé que lorsque nous nous aimons les uns les autres, le monde reconnaît que nous sommes des disciples. La table efface les barrières qui séparent les sexes, les âges, les cultures, les langues, les statuts sociaux et tout ce que le monde utilise pour séparer les gens selon des segments fragmentés. La sainte cène efface les lignes et unit tous les croyants ensemble qui deviennent un devant lui.

La sainte cène ressemble à ce grand et chaleureux repas plein d'espoir qu'est le repas de la veille du Nouvel An de mon enfance mais, en même temps, l'eucharistie signifie bien davantage. Nous désirons être avec le Christ et il désire être avec nous. Que nous imaginions un banquet de noces ou une fête de famille, la présence du Christ est la chose la plus importante, elle est tout.

> *Venez, rassemblons-nous d'un même accord*
> *Pour partager la cène du Seigneur,*
> *Chantons les louanges de notre Seigneur et Maître ;*
> *Nourris sur terre par le pain de vie,*
> *Nous sommes désormais rassasiés à sa table,*
> *Mais attendons de voir notre Roi céleste ;*
> *De voir le grand invisible*
> *Dans le voile du sacrement,*
> *Paré de tous ses habits de gloire,*
> *Dans l'extase de joie, d'amour et de louange*
> *Admirer enfin son visage,*
> *Élevé sur son trône éternel.*
> (Charles Wesley)

Questions à réfléchir et à discuter

Pensez au texte que vous avez lu dans le chapitre 13 et répondez aux questions suivantes. Utilisez des références bibliques lorsque c'est possible afin d'étayer vos réponses.

1. Racontez vos meilleurs souvenirs de repas partagés en famille.
2. Quels sont les aspects que vous appréciez le plus lorsque vous prenez part à la sainte cène ?
3. Dans quelle mesure le lien entre la sainte cène et le festin des noces de l'Agneau (Apocalypse 19.9) ajoute-t-il une signification et une anticipation supplémentaires lors de la célébration de la sainte cène ?
4. Que voulons-nous dire lorsque nous affirmons que nous faisons l'expérience de la présence du Seigneur Jésus lorsque nous participons à la sainte cène ?
5. Dans quelle mesure la sainte cène est-elle un moyen de grâce ?
6. Quelles sont les caractéristiques de la grâce de Dieu qui sont clairement illustrées lors de la sainte cène ?

7. Comment la sainte cène met-elle en avant la sainteté ?
8. De quelles manières confessons-nous le Christ lorsque nous participons à la sainte cène ?
9. Expliquez en quoi la sainte cène peut être un moment d'unité pour les enfants de Dieu.
10. Rompre le pain est un appel à nous souvenir du corps brisé du Christ. Comment comprenez-vous la signification spirituelle du corps de Christ qui a été rompu pour vous ?
11. Boire la coupe est un appel à nous souvenir du sang versé par le Christ. Comment comprenez-vous la signification spirituelle du sang du Christ qui a été versé pour vous ?
12. De quelles façons agissons-nous en mémoire du Christ lors de la sainte cène ?
13. De quelles manières la sainte cène renforce-t-elle notre espérance ?
14. À votre avis, pourquoi Jésus a-t-il dit : « Je ne boirai plus désormais de ce fruit de la vigne, jusqu'au jour où j'en boirai du nouveau avec vous dans le royaume de mon Père » (Matthieu 26.29) ?
15. Souvenez-vous d'un moment de votre vie où vous avez arrêté de participer à une activité ou de consommer un aliment ou une boisson jusqu'à un événement attendu qui s'est réalisé. Comment cet exercice a-t-il augmenté votre attente et votre espérance ?
16. Pourquoi Jésus fait-il un lien entre la sainte cène et l'amour que nous avons les uns pour les autres ?
17. Comment la sainte cène nous aide-t-elle à nous concentrer sur la perspective du paradis ?
18. Comment les chrétiens sont-ils rendus parfaits dans l'amour du Christ ?
19. Expliquez comment la participation à la sainte cène peut effacer les frontières entre croyants.
20. Comment notre foi peut-elle être affermie quand nous réalisons que le Christ est aussi désireux d'être avec nous au festin des noces de l'Agneau que nous sommes désireux d'être avec lui ?

14 UN DIEU QUI GUÉRIT

par Erika Rocha

Erika Rocha, et son mari Marco, sont pasteurs de l'Église du Nazaréen de Villa Lugano à Buenos Aires en Argentine.

XIV. La guérison divine

Nous croyons à la doctrine biblique de la guérison divine et nous encourageons nos membres à offrir la prière de la foi pour la guérison des malades. Nous croyons également que Dieu guérit par le moyen de la médecine.

(2 Rois 5.1-19; Psaume 103.1-5; Matthieu 4.23-24; 9.18-35; Jean 4.46-54; Actes 5.12-16; 9.32-42; 14.8-15; 1 Corinthiens 12.4-11; 2 Corinthiens 12.7-10; Jacques 5.13-16)

Nous croyons en un Dieu qui guérit. Nous croyons à la prière pleine de foi pour la guérison des malades. Nous prêchons ce message avec joie, nous l'enseignons à la nouvelle génération et nous le mettons en pratique à chaque fois que nous en avons l'occasion.

J'ai grandi dans l'Église du Nazaréen. C'est là que j'ai été façonnée en tant que femme et disciple de Jésus-Christ. J'ai rencontré mon mari dans l'église. Nous avons formé une famille et aujourd'hui, nous exerçons un ministère pastoral dans une assemblée florissante située au sud de la ville de Buenos Aires en Argentine. Nous avons à l'esprit de nombreux témoignages de guérisons que Dieu a accomplies — certaines d'entre elles étaient si glorieuses qu'elles ont ouvert la voie à un réveil spirituel dans les églises où elles ont eu lieu. Néanmoins, je me souviens également de situations où Dieu n'a pas guéri et d'autres où la guérison n'est pas venue de la façon attendue.

La joie, puis la peine

J'étais en train de terminer ma formation au séminaire aux côtés de mon mari et nous étions prêts à débuter notre premier pastorat dans une petite église des environs de Buenos Aires. L'église nous attendait avec impatience et nous, avec notre fille de trois ans et un bébé bientôt attendu, nous étions heureux de commencer à servir le Seigneur là-bas. Tout était prêt pour que notre famille et notre église profitent de cette nouvelle saison de nos vies. Notre fils est né à la date prévue, et nous avons connu une nouvelle fois la bénédiction de cette vie nouvelle. Mais ce moment de joie a aussi apporté des moments que nous n'oublierons jamais.

Peu après sa naissance, notre fils a rencontré des problèmes respiratoires et a dû être soigné dans un service de soins intensifs. La vie de notre nouveau-né était en danger et l'issue incertaine. Avec mon mari, nous abordions ce moment avec la même foi qui nous avait soutenus durant tant de moments difficiles dans nos vies. Encore une fois, nous placions notre confiance en Dieu et priions pour que notre enfant soit guéri. L'église, nos amis, notre famille et même des personnes que nous ne connaissions pas se sont jointes à nous dans la prière pour la guérison. Mais les jours s'écoulaient et je ne pouvais pas me concentrer sur ma récupération suite à l'accouchement. Je perdais l'appétit, et je ne pouvais penser qu'à prier le Seigneur pour la vie de mon fils. Être séparée de lui me brisait le cœur. À chaque fois que nous étions autorisés à le voir, je ne pouvais que tenir sa minuscule main et prier.

Quatre jours après sa naissance, les docteurs nous informèrent que l'état de notre fils avait empiré, et qu'ils ne pouvaient plus rien faire pour lui. On nous demanda de dire au revoir à notre fils bien-aimé. Mon mari et moi sommes allés aux soins intensifs une dernière fois. Nous nous sommes approchés de notre enfant, le tenant dans nos bras, et avec les larmes aux yeux et un sentiment de douleur et d'espoir, nous avons prié une dernière fois. Quelques minutes après avoir quitté le service, les docteurs nous ont annoncé que notre petit garçon était parti rejoindre le Seigneur.

La peine, puis la guérison

Cette expérience a marqué ma vie et celle de ma famille. Après avoir traversé cette situation douloureuse, nous comprenons plus profondément que Dieu guérit de nombreuses manières différentes, et pas seulement sur le plan physique. Notre douleur en imaginant notre fils nous accompagner dans le ministère — sachant désormais qu'il ne serait jamais avec nous — nous a poussés à connaître un autre aspect de notre Dieu qui guérit. Dieu a guéri nos cœurs. Dieu a restauré notre famille. Dieu nous a montré son amour par l'intermédiaire des frères et sœurs dans la foi qui ont marché à nos côtés pendant toute cette période. Et Dieu nous a aidé à faire l'expérience d'une dimension surnaturelle de notre foi que nous n'aurions peut-être pas connue dans d'autres situations.

Il est facile de réduire la guérison divine à la dimension physique. Cependant, Dieu souhaite guérir de nombreuses manières. Psaume 147.3 nous décrit le Dieu qui guérit nos émotions : « Il guérit ceux qui ont le cœur brisé, et il panse leurs blessures ». Nous pouvons également affirmer qu'il n'existe pas de vie plus saine que de marcher dans la sainteté, même lorsque le corps est malade. En 2 Corinthiens 4.16, l'apôtre Paul enseigne : « C'est pourquoi nous ne perdons pas courage. Et même si notre homme extérieur se détruit, notre homme intérieur se renouvelle de jour en jour. » Beaucoup de gens, au fil de leur parcours dans la foi chrétienne, ont abandonné des habitudes destructrices et amélioré leur santé physique, mentale et émotionnelle. Le Seigneur nous aide à apprécier ce que nous négligions auparavant, y compris notre santé, comme l'écrit l'apôtre Paul en 1 Thessaloniciens 5.23b : « Que tout votre être, l'esprit, l'âme et le corps, soit conservé irréprochable, lors de l'avènement de notre Seigneur Jésus-Christ. »

Si nous considérons notre corps comme une partie d'un ensemble et que Dieu nous voit de cette manière, il nous sera plus facile de saisir que Dieu guérit de nombreuses façons, et pas toujours de la façon dont nous l'attendons. Dans leur livre Fully Alive : Discovering the Adventure of Healthy and Holy Living (Pleinement vivant : Découvrez l'aventure d'une vie saine et sainte), Jerry and Larry Hull affirment : « Nous pouvons regarder autour de nous ou dans le miroir qui se trouve en face de nous et voir des personnes ... limitées et faillibles. Le chemin qui mène à une santé globale débute lorsque nous reconnaissons nos limites, et que nous les acceptons comme des opportunités, des défis et des aventures. »

La guérison, quelle que soit la manière choisie par Dieu

Lorsque nous nous référons à la guérison divine, il est important d'éviter la tentation qui consiste à croire que Dieu est à notre disposition pour nous guérir, quel que soit le moment où nous le demandons, comme s'il était dans l'obligation de faire tout ce que nous voulons. Ce concept erroné a causé de nombreux dégâts dans l'église, poussant plusieurs à suivre un Dieu qui ressemble à un magicien cosmique plutôt que le Dieu souverain qui désire se manifester avec puissance parmi ses enfants selon les moyens qu'il choisit.

Malgré l'expérience douloureuse de la perte de notre fils, mon mari et moi avons assumé le pastorat de l'assemblée qui nous attendait. Durant les années de notre ministère à cet endroit, Dieu a utilisé nos précieux frères et sœurs dans la foi ainsi que des amis pasteurs pour guérir nos blessures. Quelques années plus tard, le Seigneur nous a bénis par la naissance d'un autre fils, qui grandit désormais rapidement et qui nous accompagne dans nos efforts ministériels aux côtés de sa sœur. Nous constatons que Dieu a placé à nos côtés des couples qui ont connu la souffrance de la perte d'un nouveau-né, et nous pouvons exercer notre ministère auprès d'eux et les aider à connaître un autre aspect de la guérison divine.

Prions avec foi, avec l'assurance que la réponse à nos prières pour la guérison que Dieu a préparée pour nous viendra au moment et de la manière que Dieu aura décidé, car Dieu est souverain. Apprenons à pleinement lui faire confiance et à trouver notre repos en notre Seigneur.

Questions à réfléchir et à discuter

Pensez au texte que vous avez lu dans le chapitre 14 et répondez aux questions suivantes. Utilisez des références bibliques lorsque c'est possible afin d'étayer vos réponses.

1. Quelle était votre conception de la guérison divine avant de lire ce chapitre ?
2. Quelles sont les idées fausses les plus fréquentes qui persistent dans votre contexte particulier au sujet de la guérison divine ?
3. Selon vous, comment Dieu répond-il aux prières pour la guérison ?

4. Croyez-vous que l'absence de guérison divine est le résultat d'un manque de foi ?
5. Comment Dieu guérit-il parfois de façon différente qu'une guérison physique ?
6. De quelles façons Dieu soutient-il les croyants lorsqu'il ne répond pas par une guérison divine ?
7. De quelles façons les membres de la communauté des croyants soutiennent-ils les chrétiens lorsque Dieu ne répond pas par une guérison divine ?
8. Comment Dieu peut-il apporter la guérison autrement que par un moyen miraculeux ?
9. Selon l'article de foi XIV, quelle est la position de l'Église du Nazaréen concernant les soins prodigués par les médecins et la prise de médicaments ?
10. Dans quelle mesure sommes-nous responsables de manger de façon équilibrée, faire de l'exercice physique et d'avoir des habitudes qui favorisent une bonne santé ?
11. Quels sont certains principes à garder à l'esprit concernant les infirmités, les douleurs ou les maladies chroniques dont Dieu ne nous délivre pas ?
12. De quelles façons les croyants qui continuent à vivre avec des infirmités, des douleurs ou des maladies chroniques peuvent-ils être des agents de guérison qui ont une capacité unique à exercer un ministère envers d'autres personnes qui vivent des situations similaires ?
13. Comment est-il possible d'avoir confiance en notre propre foi pour la guérison plutôt que de faire confiance à Dieu ?
14. En quoi est-il dangereux de placer notre confiance en notre propre foi ?
15. Quelles devraient être les caractéristiques de nos prières dans la foi pour la guérison divine ?
16. Comment pouvons-nous apprendre à faire confiance au Christ et à trouver notre repos en lui, qu'il réponde ou non à nos prières pour la guérison selon ce que nous lui demandons ?

 # LE CHRIST REVIENDRA*
par Jon Twitchell
Jon Twitchell est actuellement vice-président en charge des dons et legs à la Nazarene Foundation.

XV. La seconde venue de Christ

Nous croyons que le Seigneur Jésus-Christ reviendra ; que ceux qui seront vivants au moment de sa venue ne précéderont pas ceux qui sont endormis en Jésus-Christ ; mais que, si nous demeurons en lui, nous serons enlevés avec les saints ressuscités pour rencontrer le Seigneur dans les airs, ainsi nous serons toujours avec le Seigneur.

(Matthieu 25.31-46 ; Jean 14.1-3 ; Actes 1.9-11 ; Philippiens 3.20-21 ; 1 Thessaloniciens 4.13-18 ; Tite 2.11-14 ; Hébreux 9.26-28 ; 2 Pierre 3.3-15 ; Apocalypse 1.7-8 ; 22.7-20)

Les quatorze premiers articles de foi de l'Église du Nazaréen proclament ce que les Écritures ont révélé concernant la personne de Dieu, ce que Dieu a accompli et ce qu'il est en train d'accomplir. Le quinzième article porte notre attention vers l'avenir. La doctrine de la seconde venue du Christ considère le retour du Seigneur et notre rédemption finale à la fin du monde. Avec ce changement de sujet, nous reconnaissons que nous mettons les pieds sur un terrain beaucoup plus fragile. Au lieu de relater le récit de ce qui est déjà arrivé et d'expliquer l'impact de ces événements pour nous aujourd'hui, nous avons désormais comme tâche de tenter de comprendre de quelle manière Dieu conduit cette grande histoire de la rédemption jusqu'à sa grande et glorieuse conclusion.

Dans notre étude des prophéties, nous devons être guidés par le principe selon lequel les Écritures ne devraient jamais être interprétées selon un sens radicalement différent de la signification qu'elles avaient pour leur auditoire originel. L'interprétation devrait non seulement avoir du sens pour nous, mais aussi pour les personnes destinataires de ce message à son origine. Si la prophétie n'avait pas eu un sens spécifique pour eux à leur époque, ces gens ne l'auraient probablement pas préservée et transmise de génération en génération.

L'eschatologie

L'eschatologie est le terme qui désigne l'étude de la fin des temps. La terminologie de l'eschatologie est robuste, compliquée, et inclut de nombreux mots et expressions utilisés pour décrire ses différentes écoles de pensée. Les principales écoles de pensée sont divisées en trois catégories : le prémillénarisme, le postmillénariste et l'amillénarisme. Au sein du groupe des prémillénaristes, nous trouvons ceux qui croient en un enlèvement secret de l'église ainsi que les croyants qui sont souvent décrits selon des catégories encore plus précises des pré-, mid- et post-tribulationistes. Au lieu d'essayer de définir chacune de ces positions, considérons plutôt certaines des questions qui divisent ces différents camps :

Y aura-t-il un règne littéral du Christ de mille ans sur la terre (un royaume millénaire ou millénium) ? Ce règne millénaire sera-t-il amené par le retour du Christ ? Ou le Christ règnera-t-il par l'église qui est à l'œuvre à travers le monde, faisant advenir le royaume de Dieu dans notre réalité pendant mille ans avant le retour physique du Christ ?

Les événements décrits dans le livre de l'Apocalypse ont-ils déjà partiellement eu lieu en l'an 70 après Jésus-Christ avec la chute du temple et de Jérusalem ? Ou les événements décrits dans l'Apocalypse n'ont-ils pas encore eu lieu du tout ?

Lorsque Jésus reviendra, sera-t-il escorté jusqu'à la terre par les croyants pour établir son royaume, ou les enlèvera-t-il au ciel pendant qu'une tribulation est infligée aux personnes qui pratiquent le mal ? S'il y a une tribulation pour ceux qui ne sont pas sauvés, Jésus enlèvera-t-il son épouse avant, pendant ou après cette tribulation ?

La tribulation est-elle subie par les non-croyants ? Ou s'agit-il d'une grande tribulation des saints ?

Est-il possible de connaître certaines de ces dates ? Ou même de reconnaître les signes des temps ?

Des conclusions différentes

Ces questions sont étudiées et débattues par des laïcs, des pasteurs et des théologiens du monde entier. Des universitaires et des théologiens qui ont étudié ces sujets pendant des années arrivent à des conclusions différentes. Les pasteurs tentent d'interpréter ces conclusions et de les exposer aux laïcs qui sont également entourés de toutes sortes de théologies et de livres populaires sur ce sujet — dont beaucoup ne correspondent pas à une approche wesleyenne d'interprétation des textes bibliques.

Les gens sont parfois surpris d'apprendre que l'Église du Nazaréen n'exige pas de ses membres qu'ils appartiennent à un camp spécifique en ce qui concerne l'eschatologie. Au lieu de cela, notre quinzième article de foi se concentre sur les éléments essentiels. Bien qu'il soit important de remarquer ce que dit notre article de foi, il est aussi important de remarquer ce qu'il ne mentionne pas du tout. Par exemple, vous remarquerez qu'il n'y est fait aucune mention d'un enlèvement secret de l'église.

Certains pourraient poser la question : « Dire que « nous serons enlevés ... pour rencontrer le Seigneur dans les airs », n'est-ce pas la même chose qu'un enlèvement secret ? » Pas forcément. Même s'il y a une rencontre dans les airs, l'article ne dit pas où Jésus et les saints iront après cette rencontre. Certains spécialistes notent que le mot utilisé pour rencontrer en 1 Thessaloniciens 4 est le même mot qui décrit un comité d'accueil allant à la rencontre d'un dignitaire en visite et qui l'escorte jusqu'à la ville. Si c'est le cas, il est possible que les saints ne soient pas enlevés mais qu'au lieu de cela, les saints rencontrent le Seigneur dans les airs en l'accueillant de retour sur la terre pour établir son royaume. Notre article de foi ne prend position ni dans un sens, ni dans l'autre. Nous n'adoptons pas non plus de position officielle sur ce que signifie « la grande tribulation » ou encore le règne millénaire. Beaucoup de choses ne sont pas dites dans notre article de foi, laissant ainsi la liberté à chacun d'étudier le sujet et de souscrire à une multitude d'opinions.

Il pourrait être tentant de désirer une conception unique et autorisée concernant l'eschatologie. Cependant, il faut se souvenir que de nombreux spécialistes au fil des siècles sont arrivés à des conclusions très différentes sur ces sujets. Cela signifie-t-il que nous ne devrions plus nous préoccuper du sujet ? Cela veut-il dire que nous devrions ignorer toute discussion sur la fin des temps et le retour du Christ ? Je ne le pense pas. Nous devrions absolument étudier les Écritures. Il n'y a pas de mal à explorer les différentes théories concernant la conclusion future de cette ère. Mais souvenons-nous que ces théories, pour la plupart, sont impossibles à tester et ne devraient pas être érigées en dogmes. Nous devrions prendre garde de ne pas nous concentrer sur les diverses théories eschatologiques à un tel point que nous nous arrêterions de nous préoccuper de notre manière de vivre aujourd'hui.

Le Christ reviendra

En même temps, nous reconnaissons que malgré les désaccords entre spécialistes et théologiens, nous pouvons partager un accord solide sur les éléments qui sont affirmés dans notre article de foi — à savoir que le Christ reviendra, les morts seront ressuscités, les saints ressuscités et vivants seront enlevés pour le rencontrer dans les airs et que nous serons pour toujours avec le Seigneur. Ce sont là des points solides de notre foi en la seconde venue du Christ qui sont non négociables.

Une grande partie du texte de notre article de foi est tiré des lettres de Paul aux croyants de Thessalonique. Croyant que le Christ reviendrait durant leur époque, ces saints étaient soucieux de ceux qui étaient déjà morts avant la seconde venue du Christ. Dans leur peine et leurs doutes, Paul leur donne l'assurance du retour du Christ et l'espérance de la résurrection pour tous ceux qui sont morts en Christ.

« Consolez-vous donc les uns les autres par ces paroles » (1 Thessaloniciens 4.18) : Le Christ reviendra.

Le ciel est-il gris et nuageux ? Le Christ reviendra.

Votre fardeau semble-t-il trop lourd à porter ? Le Christ reviendra.

Êtes-vous dans la peine ? Le Christ reviendra.

Êtes-vous malade ? Le Christ reviendra.

Êtes-vous en détresse ? Le Christ reviendra.

Êtes-vous découragés par l'influence du mal dans le monde ? Le Christ reviendra.

Lorsque les ténèbres et la mort semblent l'emporter, lorsque les forces du mal semblent trop fortes, quand les nuages recouvrent le ciel : regardez vers l'est, car le Christ reviendra.

Un roc solide d'espérance et d'optimisme

Dans ce contexte, notre article de foi est loin d'être sans consistance. Au contraire, c'est un roc solide d'espérance et d'optimisme qui nous permet de regarder à l'avenir, même lorsque l'époque est incertaine. Certains souhaiteraient peut-être que notre église adopte une position pre-, post- ou amillénariste ou pre-, mid- ou post-tribulationiste. Nous pourrions demander une position officielle, dogmatique sur la fin des temps de sorte que si quelqu'un demandait: «Que croient les Nazaréens concernant l'enlèvement de l'église?», nous pourrions leur répondre. Au lieu de cela, en nous abstenant de prendre position sur des questions doctrinales qui sont source de division, nous avons accompli davantage pour nous concentrer sur le point le plus important: le Christ reviendra.

Après tout, comment pourrons-nous savoir qui a raison concernant le règne millénaire? À la fin des temps, après que tous ces événements se seront déroulés. Comment saurons-nous qui a raison concernant l'enlèvement de l'église et les tribulations? À la fin des temps, quand tout aura eu lieu. Pensez-y: À la fin des temps, quand tout aura eu lieu, nous ne serons pas assis en cercle dans une pièce pour débattre pour savoir qui avait raison ou qui avait tort. Il n'y aura ni récompense, ni trophée pour ceux qui auront tout compris dans le moindre détail. Au lieu de cela, nous serons unis ensemble avec Jésus-Christ pour l'éternité.

Les questions qui importent bien plus sont les suivantes: De quelle manière vivons-nous dans l'attente de ces événements? Puisque nous croyons que le Christ reviendra, comment cette croyance change-t-elle notre façon de vivre aujourd'hui? Nous sommes appelés à vivre fidèlement dans le présent, ici et maintenant. Éclairés par notre certitude pleine d'espérance que le Christ reviendra, notre tâche est la même aujourd'hui que par le passé: aimer Dieu et notre prochain, proclamer une Bonne Nouvelle qui sera un sujet de joie, prendre soin de la création de Dieu, accueillir l'étranger, donner à la veuve et à l'orphelin et vivre fidèlement la mission de Dieu dans notre vie de tous les jours.

Questions à réfléchir et à discuter

Pensez au texte que vous avez lu dans le chapitre 15 et répondez aux questions suivantes. Utilisez des références bibliques lorsque c'est possible afin d'étayer vos réponses.

1. Quel est votre souvenir le plus ancien d'un moment où vous avez réfléchi à la seconde venue du Christ ?
2. Pourquoi y a-t-il un intérêt grandissant concernant les théories de la seconde venue du Christ depuis 150 ans ?
3. Quelles sont les opinions les plus répandues que vous ayez entendues concernant le retour du Christ ?
4. Comment votre conception de la seconde venue du Christ a-t-elle muri au fil du temps ?
5. Quelle différence y a-t-il entre les douzaines de théories relatives à la seconde venue du Christ et les enseignements clairs des Écritures concernant le pardon des péchés et la Seigneurie de Jésus-Christ ?
6. Pourquoi est-il important de ne pas laisser les nombreuses théories relatives à la seconde venue du Christ occuper une place centrale dans notre témoignage concernant Jésus-Christ devant le monde ?
7. À votre avis, pourquoi l'Église du Nazaréen n'adopte-t-elle pas une position spécifique sur les théories relatives à la seconde venue du Christ ?
8. Préféreriez-vous que l'Église du Nazaréen soutienne les déclarations claires des Écritures, comme elle le fait dans l'article XV, ou préféreriez-vous qu'elle spécule sur les nombreuses éventualités concernant la manière dont le Christ pourrait revenir ?
9. Selon vous, pourquoi l'Église du Nazaréen n'enseigne-t-elle pas les théories concernant l'enlèvement secret de l'église, la grande tribulation ou le règne de mille ans ?
10. Que veut dire l'auteur du chapitre lorsqu'il écrit : « ces théories, pour la plupart, sont impossibles à tester et ne devraient pas être érigées en dogmes » ?

11. À partir de l'article XV, quelles sont les déclarations claires de la Bible sur lesquelles nous pouvons nous appuyer concernant la seconde venue du Christ ?
12. Lisez 1 Thessaloniciens 4.13–18 et faites la liste des idées trouvées dans ce passage qui sont reprises dans l'article XV.
13. Comment l'affirmation biblique selon laquelle « le Christ reviendra » est-elle source d'encouragement pour vous ?
14. En regardant au-delà de toutes les théories relatives à la seconde venue du Christ que nous connaissons dans le monde présent, quel sera selon vous le sujet principal de votre attention une fois que vous serez au ciel ?
15. Tout en attendant ardemment la seconde venue du Christ, de quelle manière devrions-nous vivre dans le temps présent ?
16. Pour être plus précis, mentionnez certaines actions que vous pouvez entreprendre dès aujourd'hui pour vivre avec confiance et espérance en Christ, dans l'attente de son retour.

VOICI NOTRE ESPÉRANCE
par Ruth I. Cordova

Ruth I. Cordova est missionnaire au Guatemala et professeure de théologie, de sciences de la Bible et de théologie pastorale au séminaire nazaréen.

XVI. La résurrection, le jugement et la destinée

Nous croyons à la résurrection des morts ; que les corps des justes et des injustes seront rappelés à la vie et unis à leur esprit. « Ceux qui auront fait le bien ressusciteront pour la vie, mais ceux qui auront fait le mal ressusciteront pour le jugement. »

Nous croyons au jugement dernier, au cours duquel chaque personne se tiendra devant Dieu pour être jugée selon les actions accomplies dans sa vie.

Nous croyons que la vie glorieuse et éternelle est assurée à tous ceux qui croient au salut et suivent dans l'obéissance Jésus-Christ notre Seigneur ; et que le pécheur qui meurt impénitent souffrira éternellement en enfer.

<small>(Genèse 18.25 ; 1 Samuel 2.10 ; Psaume 50.6 ; Esaïe 26.19 ; Daniel 12.2-3 ; Matthieu 25.31-46 ; Marc 9.43-48 ; Luc 16.19-31 ; 20.27-38 ; Jean 3.16-18 ; 5.25-29 ; 11.21-27 ; Actes 17.30-31 ; Romains 2.1-16 ; 14.7-12 ; 1 Corinthiens 15.12-58 ; 2 Corinthiens 5.10 ; 2 Thessaloniciens 1.5-10 ; Apocalypse 20.11-15 ; 22.1-15)</small>

Cet article de foi est un article important, mais d'une certaine manière il est difficile de répondre à toutes les questions que nous pourrions nous poser concernant la résurrection finale, le jugement et la destinée de l'humanité. En tant qu'êtres humains, nous aimerions connaitre tous les détails de la vie après la mort et de notre destinée finale. En tant que chrétiens, nous souhaiterions trouver les informations et les explications de ces sujets dans la Bible et pleinement comprendre les raisons qui expliquent nos croyances.

Lorsque nous lisons dans la Bible les histoires de certains des prophètes de l'Ancien Testament comme Élisée, qui ramenait des personnes à la vie par la puissance de Dieu, ou l'histoire de Jésus dans le Nouveau Testament, lorsqu'il a ressuscité Lazare ainsi que d'autres personnes d'entre les morts, nous avons peut-être eu la chair de poule ou nous avons été émerveillés de savoir que la personne qui était morte avait été ramenée à la vie. Nous nous identifions aux personnages et aux situations de ces récits. Nous ressentons de la tristesse et du désespoir lorsqu'une vie est perdue.

Mais quand nous continuons à lire ces histoires, nous sommes surpris par la foi de ces personnes qui n'abandonnent pas tout espoir malgré la douleur mais courent chercher le prophète de Dieu ou demander à Jésus d'agir dans cette situation. Alors, nos émotions changent. La foi, l'espérance et l'attente sont présentes. Ces récits ont désormais une fin heureuse. Quelle joie ! Dieu a ramené une personne bien-aimée d'entre les morts !

Jésus est ressuscité

Évidemment, l'histoire biblique que nous aimons tous lire ou écouter, c'est celle de la résurrection de Jésus. Nous pouvons nous mettre à la place des disciples et ressentir leurs émotions et leurs sentiments après la mort de Jésus — la tristesse, la douleur, le désespoir, la crainte, les préoccupations et les doutes. Puis, au fil de l'histoire, nous nous identifions aux femmes qui se lèvent tôt le premier jour de la semaine pour se rendre à la tombe de Jésus, découvrant alors qu'il n'est pas là. Elles sont surprises par un ange qui leur annonce que Jésus est ressuscité d'entre les morts, comme il le leur avait dit. Nous ressentons alors une grande joie dans nos cœurs grâce à cette nouvelle. Oui ! Jésus est ressuscité !

Jésus a vaincu la mort en revenant à la vie. Jésus a un corps et il n'est pas un fantôme. Jésus a la même apparence qu'avant sa mort — mais il est radieux dans sa gloire. Jésus parle, ressent des émotions et il mange même avec ses disciples. Enfin, Dieu nous ressuscitera également, tout comme Dieu a ressuscité Jésus. C'est là notre espérance. Voilà pourquoi la résurrection de Jésus-Christ est un événement si important de l'histoire de l'humanité et pour la foi chrétienne.

Lorsqu'un être qui nous est cher meurt, nous ne ressentons peut-être pas l'enthousiasme d'une résurrection immédiate. Au lieu de cela, nous nous posons des questions telles que Pourquoi est-elle morte ? A-t-il souffert ou eu peur au moment de mourir ? Vit-elle dans la paix, ou est-elle punie pour avoir fait quelque chose de mal ? Où est son esprit ? Qu'est-il en train de faire maintenant ? Ce sont des questions sur la vie après la mort, le jugement, le paradis et l'enfer. Nous posons ces questions parce que nous voulons tous savoir, d'une manière ou d'une autre, ce qui nous arrivera après notre mort.

La résurrection du corps

Notre seizième article de foi provient du méthodisme et de l'église anglicane, même si l'Église du Nazaréen l'a développé davantage. La croyance en la résurrection du corps fait partie de la foi chrétienne (des credo et traditions de l'église) et elle est importante du fait de la résurrection de Jésus-Christ dans l'histoire de l'humanité. Lorsque nous lisons la Bible, nous trouvons des récits et des enseignements sur l'immortalité de l'âme et la résurrection (Job 19.25-26 ; Psaume 49.15 ; 90.10 ; Ecclésiaste 3.21 ; Ésaïe 26.19 ; Daniel 12.2 ; Matthieu 10.28 ; 17.3 ; 22.31-32 ; Luc 12.4-5 ; 16.22-23 ; 20.34-36 ; 23.43, 46 ; Jean 5.26, 28-29 ; 11.25-26 ; Actes 7.59 ; 24.15 ; Philippiens 3.21 ; 2 Timothée 1.10). Ainsi, tous les Juifs croyaient en la résurrection excepté les sadducéens qui niaient la résurrection des morts et la vie après la mort et croyaient que l'âme périt au moment de la mort, niant ainsi toute punition ou récompense après notre vie sur la terre.

Dans la Bible, nous trouvons des éléments d'information ici et là sur les dernières paroles de différentes personnes en différents lieux, situations et contextes à différents moments de l'histoire de l'humanité, que ce soit des paroles concrètes ou sous forme de métaphores. Parfois cette information est donnée en réponse à des questions ou pour expliquer certaines vérités. À d'autres moments, l'information est donnée comme moyen de préparer les disciples à une persécution future et pour encourager les nouveaux croyants à persévérer.

Paul, par exemple, écrit dans sa première lettre aux Thessaloniciens au sujet du retour du Seigneur et il affirme deux vérités importantes en 4.13-14. Premièrement, les chrétiens ne devraient pas faire leur deuil comme les personnes qui n'ont pas d'espérance. Deuxièmement, les chrétiens croient que Jésus est mort et ressuscité et en conséquence, ils croient que Dieu les ressuscitera également. Cela transforme complètement la façon dont nous comprenons la mort.

Un nouveau corps

Une fois qu'une personne meurt, qu'arrivera-t-il à son corps ? Certains chrétiens pensent que le corps doit être préservé pour le jour de la résurrection. Ils sont préoccupés si une personne meurt de brûlures, dévorée par un animal, perdue en mer ou si son corps passe par une crémation. Ils se demandent : « Comment cette personne pourra-t-elle être ressuscitée à la résurrection si elle n'a pas de corps ? » D'après la Bible cependant, nous savons que le corps terrestre meurt et devient poussière. La Parole de Dieu affirme : « Tu es poussière, et tu retourneras dans la poussière » (Genèse 3.19). Ce qui arrive au corps humain, ou « corps naturel » comme l'appelle Paul, n'a pas d'importance. Ce corps n'entrera pas de l'autre côté car, comme le dit l'apôtre, c'est un « corps corruptible » (1 Corinthiens 15.42-44, 50).

Selon ces textes et d'autres textes bibliques, Dieu nous donnera également un nouveau corps à la résurrection, un corps céleste. Paul explique que ce nouveau corps est un corps spirituel (1 Corinthiens 15.44) et que ce corps mortel doit revêtir l'immortalité (1 Corinthiens 15.53). C'est une nouvelle création (2 Corinthiens 5.17). À la résurrection, les corps transformés seront ramenés à la vie et unis à leur esprit (Philippiens 3.21 ; 1 Jean 3.2). Les corps ressuscités seront libérés de toute maladie, douleur ou souffrance et délivrés de la mort. Ce seront des corps glorieux, comme celui de Jésus.

Nous ne savons pas exactement à quel moment les morts recevront leur nouveau corps. Certains passages parmi les écrits de Paul indiquent que cela pourrait se produire dès leur mort (2 Corinthiens 5.1-7 ; Philippiens 1.21-24) ou peut-être au moment de la résurrection finale (1 Corinthiens 15.23 ; Philippiens 3.20-21). La résurrection des morts au dernier jour signifie que tous seront ressuscités, qu'ils soient justes ou injustes, et que nous serons jugés selon notre foi en Christ, nos actions, pensées, paroles, intentions, émotions et croyances, ainsi que selon ce qui a été laissé inaccompli au cours de leur vie. Le jugement sera une révélation complète.

Le jugement final

À quoi ressemblera le jugement ? Apocalypse 20.11-15 décrit le jugement. Jésus-Christ sera juge car il connaît le cœur de toute personne. Il comprend leurs actions, ainsi que leurs pensées et motivations profondes. Il est le Fils de Dieu et il est Dieu. Mais Jésus-Christ est aussi le Fils de l'homme qui est devenu comme les humains (Philippiens 2.6-7) et après sa mort, Dieu l'a exalté et lui a donné l'autorité de juger les vivants et les morts (Actes 17.31 ; 10.42). Le moment du jugement de l'humanité est aussi appelé le jour du Seigneur (Actes 17.31 ; Romains 2.5, 16 ; 2 Pierre 2.9 ; Jude 6 ; Apocalypse 6.17). Personne ne sait quand il interviendra, combien de temps il durera, ni où il aura lieu.

Le théologien nazaréen H. Orton Wiley a suggéré que le jugement sera fondé sur certains principes et critères définis par le Christ (Luc 12.48 ; Jean 12.48) et mentionnés par l'apôtre Paul dans sa lettre aux Romains (2.7-11). La norme selon laquelle tous seront jugés au dernier jour sera fondée sur la lumière ou la vérité qui leur aura été révélée (Romains 2.14-16 ; Hébreux 10.28-29). Les personnes qui devront être jugées seront nombreuses et difficiles à dénombrer (Apocalypse 7.9 ; 20.12). Elles viendront de toutes les nations et de toutes races, parleront différentes langues et dialectes, seront de tous âges et sexes, auront des situations sociales et économiques différentes et viendront de toutes les périodes de l'histoire — mais tous seront descendants d'Adam et Eve, depuis la création du monde par Dieu.

Les bons comme les méchants vivront pendant l'éternité, mais de manière différente.

Ceux qui auront cru en Jésus et lui auront obéi (obéi à sa Parole, marché selon l'Esprit et mis en actes leur foi) vivront en communion avec Jésus et les autres croyants pour l'éternité. Ils connaîtront la joie, le bonheur et la paix et ils loueront et adoreront le Seigneur pour toujours. La Bible indique que le ciel sera un lieu où les justes demeureront dans leur condition finale de glorification. Jésus fait référence à « la maison de mon Père » (Jean 14.2-3) et Paul parle du « troisième ciel » (2 Corinthiens 12.2). C'est un endroit où il n'y a ni péché, ni mort ni souffrance (Apocalypse 21.4, 27). Les justes serviront l'Agneau (Apocalypse 22.3-5) et vivront dans la communion les uns avec les autres et avec le Seigneur (Matthieu 8.11 ; Hébreux 12.22-23). Les rachetés exprimeront leur amour et leurs facultés intellectuelles qui iront en grandissant, et ils comprendront l'amour, la sagesse et la puissance de Dieu. Par-dessus tout, la création sera renouvelée, et les rachetés demeureront dans un nouveau ciel et une nouvelle terre (Apocalypse 21.2, 9-10).

Ceux qui auront rejeté Jésus et son salut, qui auront déserté la lumière et suivi leur propre cœur mourront dans leur propre péché et vivront séparés de Dieu pour toujours (Matthieu 25.41 ; Apocalypse 20.14-15 ; 21.8). Ils vivront seuls et tristes dans les ténèbres, tourmentés par la haine, la honte, l'orgueil, le blasphème et la crainte. Ils seront exposés à la corruption de leur propre âme (Matthieu 8.12 ; 22.13 ; 25.30-46).

Marcher dans l'amour parfait

Nous pouvons apprendre plusieurs vérités et plusieurs leçons de cet article de foi et les appliquer à nos vies :

La résurrection corporelle des morts est une vérité qui nous montre qu'il y a une vie après la mort. En conséquence, tous les êtres humains seront ressuscités et continueront à vivre pour toujours. Ceci est possible grâce à la résurrection de Jésus.

Le jugement est une vérité réelle à laquelle personne ne peut échapper. À la fin de notre vie, nous serons jugés par notre créateur. Selon notre réponse à l'opportunité qui nous est donnée de connaître Dieu et sa Parole, et de vivre comme Jésus en faisant le bien sur la terre durant notre vie, le jugement sera un moment de joie ou de regrets.

Nous savons que nos actions sur la terre compteront lors de notre jugement final. Nous devons vivre chaque jour en ayant conscience de notre obligation d'être de bons intendants responsables de la grâce prévenante et salvatrice de Dieu — puisque toute bonne action que nous accomplissons en tant que chrétiens est fondée sur la grâce de Dieu et rendue possible par le Saint-Esprit. Nous devons continuellement nous demander : Ce que je fais de ma vie est-il accompli dans l'amour, la sainteté et la bonté ? Suis-je un reflet de l'amour de Jésus ? Les personnes qui m'entourent se rapprochent-elles de Dieu du fait que je m'intéresse à elles ? Est-ce que j'utilise mes capacités et mes ressources pour faire avancer le royaume de Dieu ? Suis-je en train de faire ce que Dieu me demande de faire, ou mon choix est-il d'être indifférent, négligent ou d'ignorer ses commandements ?

Nous devons marcher dans l'amour parfait et ne pas être dénués d'un tel amour.

Questions à réfléchir et à discuter

Pensez au texte que vous avez lu dans le chapitre 16 et répondez aux questions suivantes. Utilisez des références bibliques lorsque c'est possible afin d'étayer vos réponses.

1. Quelles sont les questions qui vous viennent à l'esprit lorsque vous pensez à la vie après la mort et à l'éternité ?
2. Pourquoi les êtres humains ont-ils réfléchi à ces questions tout au long de l'Histoire ?
3. Comment la résurrection de Jésus nous donne-t-elle une espérance concernant notre avenir dans l'éternité ?
4. Quelle est la signification des textes bibliques qui affirment que Jésus avait un corps après sa résurrection ?
5. À votre avis, pourquoi la plupart des cultures et des religions du monde affirment-elles qu'il y a une vie après la mort ?
6. À votre avis, quelles seront les différences entre notre corps ressuscité et notre corps terrestre ?
7. Pourquoi l'Église du Nazaréen affirme-t-elle que les personnes justes et injustes seront ressuscitées en vue du jugement ?
8. Qui sera le juge au jugement dernier ?
9. Pourquoi ce juge est-il particulièrement apte à juger toute l'humanité ?
10. Comment devrions-nous nous préparer au jugement du jour du Seigneur ?
11. Comment les personnes qui n'ont jamais entendu le nom de Jésus seront-elles jugées ?
12. Pourquoi l'Église du Nazaréen affirme-t-elle que le jugement prononcé sur les justes et les injustes est définitif et sans appel ?
13. Décrivez en vos propres termes le nouveau ciel et la nouvelle terre de Dieu.

14. Décrivez à quoi ressemblera le ciel selon vous.

15. Personne ne devrait désirer le jugement de l'enfer. Pour quelles raisons selon vous ?

16. Pourquoi le péché contre Dieu provoque-t-il une punition aussi terrible ?

17. Après avoir considéré les vérités bibliques de l'article XVI, comment devrions-nous vivre notre vie de chaque jour ?

18. Quand vous pensez à une vie vécue éternellement au ciel, de quoi vous réjouissez-vous le plus ?

ENGAGEONS LA CONVERSATION
par Frank Moore

Ensemble, nous avons pris le temps de porter un regard nouveau sur les seize articles de foi de l'Église du Nazaréen. Nous avons abordé divers thèmes de la foi chrétienne de la création du monde par Dieu à la nouvelle création à la fin des temps. Ces discussions ont soulevé des douzaines de questions pour lesquelles nous avons tenté de formuler de nombreuses réponses. Maintenant, le moment est venu pour nous d'apporter les informations que nous avons reçues, et les perspectives que nous avons découvertes jusqu'à notre monde. Le moment est venu de commencer à écouter les questions des gens de manière nouvelle — dans nos familles, au travail et avec nos voisins. Porter un regard nouveau sur nos articles de foi est une démarche qui va au-delà d'un simple apprentissage de connaissances nouvelles ou d'une meilleure compréhension pour notre bénéfice propre. Nous devons transmettre ce que nous avons appris, et nous joindre à la mission de Dieu pour partager la Bonne Nouvelle du pardon des péchés, de la transformation et de la sanctification à nos amis, aux membres de notre famille et à nos connaissances.

La culture contemporaine ouvre des discussions auxquelles nous devons prendre part. La migration internationale de groupes entiers de personnes apporte des cultures, des croyances et des pratiques uniques dans nos quartiers, nous donnant ainsi l'occasion de débuter de nouvelles conversations. Les nouvelles technologies transforment constamment notre manière d'être en interaction les uns avec les autres et dans le monde au sens large. Nous nous retrouvons à débattre des meilleurs moyens d'aborder cette nouvelle réalité. Les personnes qui se trouvent autour de nous posent une diversité de nouvelles questions. Pour être tout à fait franc, je n'aurais jamais imaginé certaines de ces discussions et en conséquence, je n'ai pas un trésor de connaissances duquel tirer des informations. Mais j'ai la Bible, les articles de foi et le soutien de mes frères et sœurs en Christ pour m'aider à formuler des réponses.

Durant mes études au séminaire, j'ai appris un principe ministériel qui me met au défi, encore aujourd'hui. Notre professeur nous dit alors qu'un ministère efficace ne peut avoir lieu qu'à la condition d'écouter attentivement les questions que les gens posent à la fois au sein de la communauté des croyants ainsi que dans le contexte plus large qui entoure l'église. Ensuite, nous avons pour responsabilité de répondre à ces questions selon une perspective biblique. Les gens tendent à écouter ce que nous avons à dire lorsque nous tentons de répondre aux questions qui occupent leurs pensées. Nous venons de passer du temps ensemble à étudier les articles de foi de l'Église du Nazaréen et en conséquence, nous avons de nouvelles idées à partager avec autrui.

J'écoute depuis quelques temps les questions pénétrantes que vous entendez peut-être vous-mêmes ou que vous vous posez personnellement. Voyons ensemble ce qui provoque une réflexion plus profonde chez les gens. Ensuite, regardons à la Bible, à la tradition chrétienne, à la raison éclairée par le Saint-Esprit et à nos expériences personnelles pour trouver des réponses.

Apporter un éclairage sur des sujets contemporains selon une perspective chrétienne peut être une démarche délicate pour de multiples raisons.

- Ces sujets ne sont pas toujours sans risques. Certains sont délicats, et d'autres nous mettent franchement mal à l'aise.

- Nous craignons souvent ces sujets car ceux-ci nous mènent sur des terrains peu familiers.

- Nous n'avons pas eu suffisamment d'occasions de discuter de certains de ces sujets par le passé, donc nous n'avons pas toujours des convictions clairement arrêtées.

- Souvent, nous n'avons pas de réponses immédiates à certaines questions complexes parce que nous sommes encore en train de collaborer ensemble pour trouver une réponse adaptée.

Ces conversations continueront à avoir lieu dans notre culture, que nous y prenions part ou non. Nous devons surpasser nos craintes et participer pleinement à ces discussions, prendre place autour d'une même table afin d'aider à orienter la conversation vers les vérités bibliques. Nous avons besoin les uns des autres pour explorer la Parole de Dieu et permettre à l'Esprit de Dieu de nous éclairer sur ces questions. Cette réalité met certaines personnes mal à l'aise ; elles préfèreraient se cantonner à des discussions qui donnent lieu à des réponses rapides et faciles. Mais cela ne correspond pas à la vie de la plupart des gens. Les réponses à leurs questions ne sont ni rapides, ni faciles. Leur vie quotidienne est complexe et exigeante du fait de leur progression sur des chemins inexplorés de la société contemporaine. C'est pourquoi nous devons nous situer à l'avant-garde concernant les problématiques les plus pertinentes et encourager ces conversations dans nos maisons, au travail et dans nos communautés chrétiennes afin de permettre à la lumière de Dieu de briller et d'apporter une compréhension plus claire.

Je vous mets au défi de vous joindre à cette démarche. Souvenez-vous des sujets et des perspectives que nous avons abordés dans le présent livre. Réfléchissez attentivement aux manières de les utiliser dans des situations concrètes de la vie. Ensuite, engagez-vous dans des discussions audacieuses avec vos amis. Nous avons besoin de chacun autour de la table — les adultes âgés, les jeunes adultes et les jeunes — chacun avec son point de vue particulier. Demandez au Seigneur de vous aider à trouver des moyens d'apporter la lumière de la Parole de Dieu dans ces conversations. L'Esprit de Dieu agit fidèlement pour imprégner le cœur et l'esprit des gens avec les vérités divines. Hébreux 4.12 nous rappelle : « Car la parole de Dieu est vivante et efficace, plus tranchante qu'une épée quelconque à deux tranchants, pénétrante jusqu'à partager âme et esprit, jointures et moelles ; elle juge les sentiments et les pensées du cœur. »

Laissez Dieu utiliser votre vie pour porter la bonne nouvelle de la Parole dans vos discussions, par vos réponses aux questions de notre monde en constante évolution. Nous désirons que les hommes, les femmes, les jeunes et les enfants connaissent Jésus-Christ dans le salut et la sanctification. Ensuite, nous désirons les former dans la foi en tant que disciples jusqu'à ce qu'ils commencent à leur tour à former d'autres disciples. Tous nos efforts nous aideront ensemble à faire des disciples à l'image du Christ dans les nations. Que Dieu bénisse votre vie de ministère et de service pour le royaume.

TABLE DES MATIÈRES

UN MOT DU RÉDACTEUR 5
Introduction
Par Frank Moore

1. DIEU, LE CRÉATEUR ÉTERNEL ET RELATIONNEL 9
Le Dieu trinitaire
Par Kevin Mellish

2. LE SAUVEUR DU MONDE 15
Jésus-Christ
Par Filimao M. Chambo

3. LA VIE DANS L'ESPRIT 20
Le Saint-Esprit
Par Olivia Metcalf

4. LE SENS DE LA VIE 27
Les Saintes Écritures
Par Jorge L. Julca

5. LIBÉRÉS DU PÉCHÉ 33
Le péché : originel et personnel
Par Svetlana Khobnya

6. ÊTRE UN 39
L'expiation
Par Thomas A. Noble

7. LA GRÂCE QUI PRÉCÈDE 47
La grâce prévenante
Par Hunter Dale Cummings

8. LA NÉCESSITÉ PERMANENTE 55
La repentance
Par Rubén Fernández

9. UN NOUVEAU DÉPART PAR LA GRÂCE 61
La justification, la régénération et l'adoption
Par Samantha Chambo

10. VERS LE HAUT, VERS L'INTÉRIEUR ET VERS L'EXTÉRIEUR 67
La sainteté chrétienne et l'entière sanctification
Par Deirdre Brower Latz

11. ÊTRE L'ÉGLISE. 75
L'Église
Par Mónica Mastronardi de Fernández

12. UN ENGAGEMENT SYMBOLIQUE, UN MOYEN DE GRÂCE 83
Le baptême
Par Donghwan (Bill) Kwon

13. VENEZ À LA TABLE 88
La sainte cène
Par Anna Muller

14. UN DIEU QUI GUÉRIT 95
La guérison divine
Par Erika Rocha

15. LE CHRIST REVIENDRA 100
La seconde venue de Christ
Par Jon Twitchell

16. VOICI NOTRE ESPÉRANCE 107
La résurrection, le jugement et la destinée
Par Ruth I. Cordova

ENGAGEONS LA CONVERSATION 115
Conclusion
Par Frank Moore

www.ingramcontent.com/pod-product-compliance
Lightning Source LLC
Chambersburg PA
CBHW031451040426
42444CB00007B/1048